Erläuterungen und Dokumente

# E. T. A. Hoffmann
# Das Fräulein von Scuderi



HERAUSGEGEBEN VON
HANS ULRICH LINDKEN

PHILIPP RECLAM JUN. STUTTGART

E. T. A. Hoffmanns Erzählung »Das Fräulein von Scuderi« liegt unter Nr. 25 in Reclams Universal-Bibliothek vor. Auf diese Ausgabe beziehen sich auch die Seitenverweise.

Universal-Bibliothek Nr. 8142 [2]

Schrift: Linotype Garamond-Antiqua. Printed in Germany 1979
Herstellung: Reclam Stuttgart
Karte: Theodor Schwarz, Urbach
ISBN 3-15-008142-4

# Inhalt

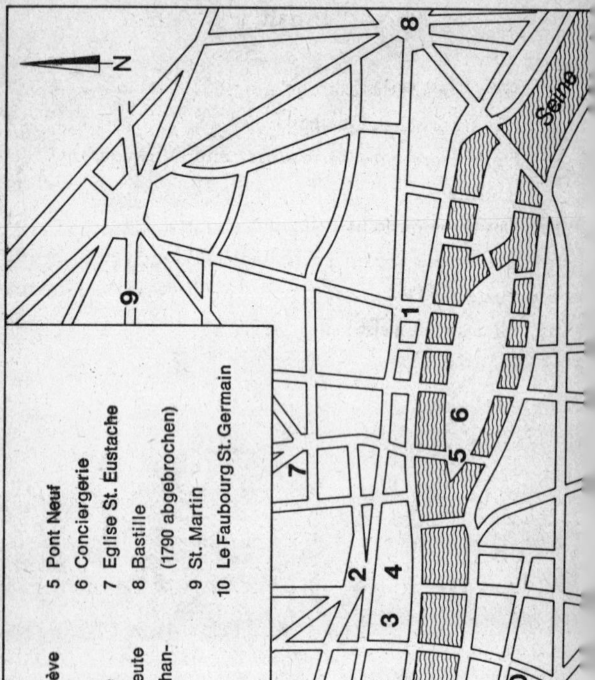


*Karte zum Schauplatz*

# I. Wort- und Sacherklärungen

*Fräulein:* mhd. vrouwelīn, geht im 12. Jh. von obd. Höfen aus. Jungfrau vornehmen Standes, bis etwa 1820. Bezeichnet hier also nicht nur den individuellen Stand der Unverheirateten in der Gesellschaft, sondern durchaus auch den sozialen Stand als Adlige.

*Scuderi:* Die Schreibweise Scuderi/Scudery wechselt, selbst bei Hoffmann, der eine gewisse Lässigkeit in orthographischen Fragen walten läßt. Die Erstausgabe hat ›Scuderi‹.

*Erzählung:* Obgleich Hoffmann exemplarische Novellen geschrieben hat, verwendet er diesen gattungspoetischen Begriff nur einmal für seine vielen Erzählungen (»Signor Formica«); seine Bezeichnungen wählt er gern aus anderen Kunstarten, der bildenden Kunst (Nachtstücke, Phantasiestücke) oder der Musik (Capriccio), oder der kleinen Formen (Begebenheit). Die Gattungsproblematik war Hoffmann wohl bewußt. Im Anschluß an »Das Fräulein von Scuderi« läßt er die Serapions-Brüder darüber problematisieren:

»›Wahrhaftig‹ rief Theodor lächelnd, ›wahrhaftig, in einer Nürnberger Chronik das Fräulein von Scuderi anzutreffen, dazu gehört ein Dichterglück, wie es unserm Sylvester beschieden. Überleuchtet er uns heute nicht in seiner Zweiheit als Theaterdichter und Erzähler wie das Gestirn der Dioskuren?‹

›Das ist‹, sprach Vinzenz, ›das ist das, was ich eben impertinent finde. Der, der ein gutes Stück geschrieben, muß sich auch nicht noch herausnehmen wollen, gut zu erzählen.‹

›Seltsam‹, nahm Cyprian das Wort, ›seltsam ist es aber doch, daß Schriftsteller, die lebendig erzählen, die Charakter und Situation gut zu halten wissen, oft an dem Dramatischen gänzlich scheitern.‹

›Sind‹, sprach Lothar, ›sind die Bedingnisse des Dramas und der Erzählung aber nicht in ihren Grundelementen so voneinander verschieden, daß selbst der Versuch, den Stoff einer Erzählung zu einem Drama zu verarbeiten, oft mißlingt und mißlingen muß? – Ihr versteht mich, daß ich von der eigentlichen Erzählung spreche und alles Novellen-

artige ausschließe, das oft den Keim in sich trägt, aus dem das wahre Drama hervorsprießt, wie ein schöner herrlicher Baum‹« (Die Serapions-Brüder, S. 711).
Vgl. Benno von Wiese: Novelle, Stuttgart [5]1971, S. 13 ff. und S. 51 ff.

*Zeitalter Ludwig des Vierzehnten:* Hoffmann wählt offensichtlich die Übersetzung des Voltaireschen Titels: Siècle de Louis XIV. (vgl. Kap. II). Ludwig XIV., König von Frankreich, ›Sonnenkönig‹ (geb. 1638), seit 1643 nomineller Herrscher unter der Vormundschaft seiner Mutter Anna von Österreich, übernahm erst nach dem Tode des Kardinals Mazarin (1661) selbst die Leitung des Staates. Unter seiner Regierung, die den Höhepunkt des Absolutismus markiert, erlebte Frankreich eine Glanzzeit. Sie war zugleich das klassische Zeitalter der frz. Kunst und Literatur. Ludwigs XIV. Hof in Versailles wurde zum Vorbild vieler europ. Fürstenhöfe.

3,1 *Straße St. Honoré:* unweit des Louvre, parallel zur Rue de Rivoli (vgl. Stadtplan, Nr. 2).

3,2 *Magdaleine von Scuderi:* Madeleine de Scudery (1607 bis 1701), um 1680 also 73 Jahre alt. Verfasserin gefälliger Verse und vielbändiger Heldenromane, wie sie dem Geschmack der tonangebenden Kreise des damaligen Frankreich entsprachen. Sie war bei Hofe geschätzt. Viele ihrer Werke führten auch Personen ihrer Zeit unter antiker Maske ein.

3,4 *Maintenon:* Françoise d'Aubigné (1635–1719), Gattin des Dichters Paul Scarron (1610–60, Verfasser des damals berühmten »Roman comique«), nach dessen Tod von Ludwig XIV. zur Marquise de Maintenon erhoben. Seit 1669 erzog sie die Kinder Ludwigs XIV. aus der Verbindung mit der Montespan (vgl. Anm. zu 19,31), war zunächst Mätresse, seit 1684 Gattin Ludwigs XIV.

3,6 *1680:* Hoffmann stellte der galant-höfischen Welt des Paris um 1680 die Nachtseiten des Unheimlichen und Verbrecherischen gegenüber, die ihn sehr viel stärker interessierten als das siècle des lumières und das Sonnenkönigtum.

3,6 f. *angeschlagen:* verstärkte Form für ›anklopfen‹.

3,9 *Türsteher:* Türhüter. Bedienter, der für den Verkehr an der Haustür zuständig ist.

3,9 f. *Herrschaft:* Bezeichnung aus der Perspektive des Be-

*Fräulein von Scuderi. Zeitgenössischer Kupferstich*

diensteten. Ausdruck der Devotion vor dem Stand der Herrschenden. Die Unterwürfigkeitsformel (Devotionsformel) klingt heute noch an in Formeln wie: Meine Herrschaften!

3,11 *Martiniere:* La Martinière heißt auch der Herausgeber und Bearbeiter einer Geschichte Ludwigs XIV., die Hoffmann evtl. bekannt war.

3,11 f. *Kammerfrau:* urspr. Hofbeamtin, die ein Ehrenamt bei fürstl. Personen zu versehen hat, hier Dienstperson, die für die privaten Belange des Fräuleins zuständig ist.

3,17 *Meuter:* mlat. movita, ›Bewegung‹, afrz. muete, ›Aufstand‹, frz. meute (émeute), ›Aufruhr‹; hier ›Aufrührer, Diebesbanden‹. Neuere Form: ›Meuterer‹.

3,24 *um Christus willen:* eine in dieser Geschichte oft auftauchende Phrase; an die religiös-empfindsame Sprachhaltung des 18. Jh.s erinnernde Wendung.

4,18 f. *Ihr ... Eure:* Höflichkeitsanrede, die zugleich den Autoritätscharakter des Angeredeten verdeutlicht. Angewandt in der Regel bei ständisch Höherstehenden und Älteren (z. B. Eltern); bis in die ersten Jahrzehnte des 20. Jh.s üblich.

4,29 *›Clelia‹:* Scuderys Roman ›Clélie‹ erschien 1654–60 in zehn Bänden. Um 1680 bereits 20 Jahre vorliegend. (Hoffmann verfährt durchaus anachronistisch, ihm kommt es nicht auf historische Genauigkeit an.) Weitausschweifendes höfisches Zeit- und Sittengemälde in antiker Verkleidung; empfindsam-sentimentaler Ton.

5,7 f. *zu guter Zeit:* Ein Gegensatz des ›Lichtzeitalters‹ gegen die Dunkelheit spielt hier in die Phrase hinein, vgl. Anm. zu 3,6 und 6,7 *den Tag nicht scheuen.*

5,11 *Darf, wenn nur ...:* Versetzte Satz- und Wortfolge (Inversion) und Anaphora (Wortwiederholungen zu Anfang der Sätze) spielen in der Stilistik Hoffmanns eine wichtige Rolle, emphatische (verstärkende) und hyperbolische (übertreibende) Akzente setzend (z. B. 3,1 *In der Straße St. Honoré war ...*; 3,5 *Spät um Mitternacht ... wurde ...*; 3,23–25 *So macht doch nur auf um Christus willen, so macht doch nur auf!*; 4,34 f. *Wißt, daß es darauf ankommt ..., wißt, daß ...*).

5,19 *sanft und eindringend:* Man beachte den Umschlag in Zeile 24: *mit wilder Stimme.*

*Ludwig XIV. Stich von Vermeulen nach einem Gemälde von Geuslin*

5,30 *Stiletts:* lat.-ital., kleiner Dolch.
*Brustlatz:* Bruststück am Kleid, eigtl. ein Stück Stoff, das durch Bänder festgehalten wird; mhd. laz, Band.

5,31 *Es blitzte der Mensch sie an ...:* Inversion (Wortumstellung); s. Anm. zu 5,11.

5,34 f. *teure Herrschaft ... treue Mutter:* Die Martiniere steht in einer Doppelbindung zur Scuderi, in einer ständischen, als Dienerin, in einer familiären, indem sie die Scuderi als Mutter empfindet.

6,2 *In der Tat:* eine oft auftauchende, der Betonung dienende Phrase in dieser Erzählung.

6,20 *Greveplatz:* heute Place de l'Hôtel-de-Ville. Bis weit über 1789 hinaus öffentlicher Hinrichtungsplatz. (Vgl. Stadtplan, Nr. 1.)
*Spießgesellen:* Spieß: Wurf- und Stoßwaffe, im 13. Jh. durch den Speer bei den Rittern zurückgedrängt; weiterhin Waffe der Landsknechte (Lanzknechte). Im 16. u. 17. Jh. ›Waffengefährte, Kamerad‹, seit 17. Jh. ›Mittäter eines Verbrechens‹.

6,23 f. *nicht gerichtet ... nicht gerichtet:* emphatische Anaphora, vgl. Anm. zu 5,11. Ähnlich 6,28 ff.

6,28 *Marechaussee:* berittene Polizei, nach der Revolution durch die Gendarmerie ersetzt.

7,22 *Patrouille:* frz., Streife, Polizeispähtrupp.
*Reuter:* altertüml. für Reiter, berittener Soldat.

7,26 *Desgrais:* Name bei Pitaval/Richer (vgl. Kap. II) erwähnt.

8,7 *Spitzbuben:* Seit Anfang 16. Jh. ›Betrüger‹, später ›Dieb‹, wobei die Vorstellung von besonderem Geschick – vgl. ›spitzfindig‹ – vorliegt.

8,12 *Unhold:* ahd. hold, mhd. holt, ›günstig, gnädig, dienstbar, treu‹; Unhold: böser Geist, der Böse, Teufel.

8,14 *Marquis von Tournay:* Gestalt und Episode quellenmäßig nicht nachgewiesen.

8,19 *erwägten sie:* erwogen sie.

8,25–18,27 *Gerade zu der Zeit ... das Ihrige tun!:* Vgl. die Auszüge aus Voltaire, Pitaval und Wagenseil in Kap. III.

8,29 *Glaser:* Übernommen aus Voltaire, vgl. Kap. II.

8,31 f. *mit alchimistischen Versuchen:* Alchimie, arab., Chemie der Zeit von der Spätantike bis zum 17. Jh.; hatte zum Ziel, die Materie durch Läuterung aus einem unvollkommenen in einen vollkommenen Zustand zu bringen. Vom 17. Jh. bis Ende 18. Jh. nur verwendet für Versuche, Gold aus unedlen Stoffen zu gewinnen.

8,32 *Stein der Weisen:* Lapis philosophorum. In der Alchimie ein sagenhaftes Mittel zur Läuterung unedler Stoffe (Metalle) zu Gold, wurde auch zur Krankenheilung verwendet.

8,33 *Exili:* Übernommen aus Voltaire und Pitaval, vgl. Kap. II.

8,35 *Sublimieren:* Veredeln, Verbessern.

9,1 *jenes feine Gift:* Übernommen aus Pitaval und Voltaire, vgl. die Auszüge in Kap. II.

9,8 *Bastille:* Stadtfestung in Paris, die als Gefängnis diente, 1790 abgebrochen. (Vgl. Stadtplan, Nr. 8.)

9,10 *Godin de Sainte Croix:* Übernommen aus Voltaire, vgl. den Auszug in Kap. II.

9,10 f. *Marquise de Brinvillier:* Übernommen aus Voltaire, vgl. den Auszug in Kap. II.

9,14 *Dreux d'Aubray:* Übernommen aus Voltaire, vgl. den Auszug in Kap. II.

9,26 *Er vermochte sie:* einen wozu vermögen: zu einer Handlung bringen.

9,36–10,3 *Das plötzliche Hinsterben ... vergiftet waren:* Übernommen aus Voltaire, vgl. den Auszug in Kap. II. Pitaval erzählt diese Anekdote: »Sie theilte dahero vergifteten Zwieback unter die Armen aus, gieng selbst ins Hotel-dieu, dergleichen milde Gaben eigenhändig auszuspenden, und erkundigte sich sodann aufs sorgfältigste, doch mit aller möglichen Behutsamkeit, was für Würkung diese Speise bey den armen Leuten gehabt hätte« (Pitaval/Richer I,350).

9,37 *Hotel Dieu:* (bis um 1600 in Paris einziges) Krankenhaus neben Notre-Dame.

10,4 *Taubenpasteten:* gebackener Teig mit Taubenfleisch gefüllt. – Pitaval berichtet hierzu: »Von diesen Versuchen sagt die Frau von Sevigné, in ihrem 292ten Briefe, folgendes: ›Die Brinvillier vergiftete Taubenpasteten, von deren Genusse verschiedene starben, die sie eben nicht umbringen wollte. Der Ritter von Güet, hatte eine solche feine Mahlzeit mit eingenommen, und starb erst zwey oder drey Jahre hernach, von der Würkung des Gifts. Da sie im

Gefängnis war, fragte sie, ob er verstorben sey? man sagte ihr: noch nicht – sie versetzte: nun da hat er würklich ein zähes Leben. Hr. von Rochefoucault versichert, diese Erzählung sey würklich wahr!‹« (Pitaval/Richer I,251).

10,7 f. *la Chaussee:* Pitaval berichtet (Pitaval/Richer I,352 ff.), daß Sainte-Croix zwei Helfershelfer gehabt habe. Einer von ihnen hieß Martin, seine Hauptbeschäftigung war, Falschgeld herzustellen, der andere, Sainte-Croix' ehemaliger Diener, hieß la Chaussee, dieser vergiftete die beiden Brüder der Brinvillier.

10,8 *ihre gräßliche Untaten:* starke Adjektivform nach älterem Gebrauch, vgl. auch 27,21 *Eure hohe Verdienste* und 44,2 *jene finstere Gemächer.*

10,14 *poudre de succession:* ›Erbschaftspulver‹, Gift, das die Nachfolge auf einen begehrten Posten sichert. Voltaire II,132: »des poisons qu'on appelait la poudre de succession«. Auch Pitaval gebraucht diesen Ausdruck.

10,17 *eine Maske von feinem Glase:* Pitaval/Richer I,358: »Endlich kam der Zeitpunkt, wo das ganze höllische Complot auf folgende Art entdeckt wurde. Sainte-Croix hatte zwar alle diejenigen aus der Familie von Aubray, die nicht auf ihrer Huth gewesen waren, vertilgt, allein er ließ deshalb doch nicht ab, eine Kunst zu studiren, die er zu Erreichung seiner Endzwecke so bequem fand. Die Gifte, in denen er arbeitete, waren so fein, daß er sich durch den bloßen Odemzug hätte ums Leben bringen können, er bediente sich also bey seinen Zubereitungen einer gläsernen Maske, um die Ausdünstungen des Gifts von sich abzuhalten. Allein, eines Tages fiel ihm die Maske vom Gesichte, und er crepirte auf der Stelle: ein viel zu sanfter Tod für ein Ungeheuer, das so viele nützliche Bürger, durch die schmerzhafteste und langwierigste Todesart, dem Grabe überliefert hatte.«

10,18 *Phiole:* kugelförmige Glasflasche mit langem Hals.

10,22 *Siegel:* Stempelabdruck als Verschluß von Briefen und Truhen in Siegellack (wachsähnliche Masse, die beim Öffnen bricht).

10,23 *Arsenal:* Geräte- und Waffenlager.

10,24 f. *die Briefe der Brinvillier:* Pitaval/Richer I,359: »Es waren daher auch alle, an ihren Buhler geschriebenen, Briefe darin befindlich.«

10,26 *Sie floh nach Lüttich:* Pitaval/Richer I,370 ff. Als die Brinvillier sah, daß es ihr unmöglich war, sich wieder in den Besitz der Kiste zu setzen, reiste sie nachts nach Lüttich. »Desgrais, ein Gefreyter von den Polizeyreutern wurde nach Lüttich abgeschickt, die Marquise daselbst in Verhaft zu nehmen [...]. Sie hatte sich in ein Kloster geflüchtet. Der Gefreyte glaubte, er dürfe es nicht wagen, sie in dieser Freystätte aufzuheben [...]. Er probirte also ein Kunststückgen, denn Leute von seiner Handthierung erlauben sich alles [...]. Desgrais steckte sich in einen geistlichen Habit und machte der Marquise förmlich seine Aufwartung [...]. Er wußte seine Rolle so gut zu spielen und sich so bey ihr in Gunst zu setzen, daß er gar bald auf den Punkt kam, von Liebe reden zu dürfen. Er fand Gehör. Ein Kloster ist zu vertrauten Zusammenkünften zweyer Verliebten ein sehr unbequemer Ort. Desgrais schlug also eine Spatzierfahrth aufs Land vor. Sein Vorschlag wurde willig angenommen: allein kaum waren sie außer der Stadt, an einem unbemerkten Orte, angelangt, als sich der verliebte Abt plötzlich in einen unbiegsamen Gefreyten von der Polizeywache verwandelte, seine Göttin in Verhaft nahm, und sie, statt der gehoften Entzückungen, in die Hände seiner Häscher übergab, die sie da schon erwarteten.«

10,37–11,1 *La Chaussee ... enthauptet worden:* Nach Pitaval (Pitaval/Richer I,377 ff.) wurde er auf dem Greveplatz gerädert (die Glieder des zum Tode Verurteilten wurden durch ein Rad zerschlagen oder der zuvor Enthauptete wurde auf ein Rad geflochten).

11,1 *die Brinvillier:* Vgl. Pitaval, Auszug in Kap. II. Eine genaue Schilderung der Exekution gibt Madame de Sevigné in ihrem 296. Brief, wiedergegeben bei Pitaval/Richer I,440 ff.

11,31 *Chambre ardente:* Vgl. den Auszug aus Voltaire in Kap. II.

12,1 *Saint Germain:* Vgl. Stadtplan, Nr. 10.

12,2 *la Voisin:* Übernommen aus Pitaval, vgl. den Auszug in Kap. II.

12,4 *le Sage und le Vigoureux:* Bei Pitaval nicht erwähnt, jedoch bei Voltaire im Zusammenhang mit der Voisin genannt.

12,8 *ruchlosen:* gottlosen, niederträchtigen.

12,12 f. *Man fand bei ihr eine Liste aller Personen:* Pitaval/Richer teilt mit: »Sie hatte die Gewohnheit, und niemand weiß zu welcher Absicht, die Namen aller derjenigen, die bey ihr gewesen waren, in ein besonders Buch zu schreiben. – Bey ihrer Verhaftnehmung kam auch dieses Buch in die Hände der Obrigkeit« (I,454).

12,17 *Kardinal Bonzy:* Berichtet bei Pitaval/Richer I,451 f.

12,20 f. *die Herzogin von Bouillon, die Gräfin von Soissons:* Voltaire teilt mit: »Man hielt indessen das Verbrechen für verbreiteter, als es in Wirklichkeit war. Die Brandkammer wurde im Arsenal bei der Bastille im Jahre 1680 eingesetzt, und die höchsten Personen mußten vor derselben erscheinen, unter andern auch zwei Nichten des Kardinals Mazarin, die Herzogin von Bouillon und die Gräfin von Soissons, die Mutter des Prinzen Eugen« (Habs I,456).

12,23 f. *François Henri de Montmorenci ... Marschall des Reichs:* Voltaire teilt mit: »Der Herzog, Pair und Marschall von Frankreich François Henri von Montmorency-Boutteville [bei Hoffmann Fehlschreibung], der den großen Namen Montmorency mit dem des kaiserlichen Hauses Luxemburg vereinte und in Europa bereits durch Feldherrnthaten berühmt war, wurde ebenfalls bei der Brandkammer angegeben« (Habs I,458).
*Pair:* Mitglied des höchsten frz. Adels (engl. peer).
*Marschall:* seit dem 16. Jh. Oberbefehlshaber der Reitertruppen, später ganz allgemein hoher oder höchster Offizier.

12,27 *Louvois:* François Michel le Tellier, Marquis de Louvois (1641–91), Kriegsminister Ludwigs XIV., von bedeutendem Einfluß auf den König.
*ein sechs Fuß langes Loch:* Voltaire berichtet weiter: »Der Angeklagte begab sich nun freiwillig in die Bastille, ein Schritt, der seine Unschuld [...] zur Genüge bewies (1679). – Der Staatssekretär Louvois, der ihm nicht gewogen war, ließ ihn in eine Art Verließ von sechs und einem halben Fuß Länge einsperren, in welchem er schwer erkrankte« (Habs I,459).

12,30 f. *Er hatte sich ... stellen lassen:* Voltaire teilt an gleicher Stelle dazu mit: »Sein ganzes Unglück rührte daher, daß er ein einziges Mal mit Le Sage zusammengetroffen war und Nativitäten [Horoskope] von ihm verlangt hatte« (Habs I,459).

12,33 f. *Tribunal:* Gerichtshof. Vom Lat.: Hochsitz der Tribunen.

12,34 *Inquisition:* geistl. Gericht der kath. Kirche zur Verfolgung der Ketzer; geheimes strenges Verhör, notfalls unter Anwendung der Folter.

13,3 f. *Dabei war Regnie von garstigem Ansehen:* Nach Voltaire: »La Reynie, einer der Präsidenten dieser Kammer, war schlecht genug beraten, um an die Herzogin von Bouillon die Frage zu richten, ob sie den Teufel gesehen hätte. Sie erwiderte, sie sähe ihn in diesem Augenblicke, er wäre sehr häßlich und unverschämt und wäre als Staatsrat verkleidet« (Habs I,457).

13,21 *Wetterstrahl:* Strahl, ahd. strāla, Pfeil. Im 16. Jh. auf das Gewitter übertragen, Blitz.

14,1 *Argenson:* Marc René de Paulmy, Marquis d'Argenson. Polizeidirektor von Paris.

14,21 f. *mehrere Desgrais zu schaffen:* Doppelgänger auszustaffieren.

14,35 *Louvre:* Schloß der frz. Könige in Paris, am rechten Seineufer, seit 1793 öffentl. Museum. (Vgl. Stadtplan, Nr. 4.)

*Marquis de la Fare:* Der Name ist von Hoffmann willkürlich aus Voltaire entlehnt.

15,23 *die Straße Nicaise:* Vgl. Stadtplan, Nr. 3. Die Straße existiert nicht mehr, sie befand sich an der Place du Carrousel und führte gleichzeitig in die ›Gasse Honorée‹, wie Meyer in »Briefe aus der Hauptstadt und dem Innern Frankreichs« berichtet (Aufl. 1802, I,57–61).

15,28–30: *Funfzehn Schritte ... funfzehn Schritte:* anaphorische Satzgestaltung als Mittel der Erzeugung von Spannung, vgl. auch 15,34 *Nennt mich.*

15,31 f. *verschwindet durch die Mauer ...:* Wiederholung desselben Wortes oder Ausspruches mit jeweils anderer, meist verstärkender Bedeutungsnuance = Diaphora.

16,12 *Teufelsbündnissen:* Von Hexen, Schwarzkünstlern, Zauberern und Magiern nahm man an, daß sie Bündnisse mit dem Teufel schließen könnten (Beispiel: Faust/Mephistopheles), indem der menschliche Partner dem Teufel sein Leben oder seine Seele verpfändet.

*des Vigoureux:* bei Voltaire und Pitaval ›la Vigoureux‹, also eine Frau.

16,26 *Amuletten:* lat. amuletum, Talisman, ein (Schmuck-) Gegenstand, der, am Körper getragen, Glück bringen soll.

16,29 *ging den König an:* bat den König.

16,33 *Greuel:* ungeheuerliche Tat, Entsetzlichkeit, mhd. griu(we)l, ›Grauen‹.

16,37 *beleben:* hier ›interessieren‹.

17,1–3 *In den Zimmern der Maintenon ... zu arbeiten pflegte:* Voltaire schreibt: »Der König kam täglich nach dem Mittagsmahl und vor und nach dem Abendessen zu ihr und blieb bis Mitternacht. Er arbeitete in ihrer Gegenwart mit seinen Ministern, während Frau von Maintenon sich mit einem Buche oder einer Handarbeit beschäftigte . . .« (Habs I,474).

17,4 *ein Gedicht . . . im Namen der gefährdeten Liebhaber:* Vgl. den Auszug aus Wagenseil in Kap. II.

17,5 *Galanterie:* höfliches, zuvorkommendes Verhalten (gegenüber Damen). Ludwig XIV. wird in den Quellen als Muster der Galanterie gerühmt. Nach Wagenseils Chronik (vgl. den Auszug in Kap. II) ersuchen die Galane den König in einer Bittschrift, für Sicherheit auf den nächtlichen Straßen zu sorgen, so daß die Liebhaber ihren Verpflichtungen den Damen gegenüber nachkommen können. In diesem Zusammenhang gedenken die Galane der güldenen »Zeiten der Regierung des Henrici IV. als des Kǒnigs Groß-Vatters [. . .] da die Liebes-Gǒttin ihren Tempel in Paris hatte / und niemand verhindert wurde / Sie / und ihre Nymfen anzuruffen / und den Weyrauch auf ihren Altåren anzuzůnden«. Die Motive des Hofes, der Galanterie, der Liebe, der Helligkeit werden hier konfrontiert mit denen des dämonisch Nächtigen, des Untergründigen, des Verbrechens, Mordes und Hasses. Licht und Finsternis stehen in unmittelbarem Kontrast: leuchtender Polarstern der Liebe / das bedrohliche Ungeheuer, das alle Liebeslust wegzehrt und alle Freude verdüstert.

17,11 *Polarstern:* (Polaris) hellster Stern im Sternbild Ursa Minor, über dem Nordpol befindlich.

17,16 *Herkules:* (Herakles) bedeutendster Held der griech. Sage, Halbgott, Sohn des Zeus und der Alkmene, von außergewöhnlicher Kraft, vollbringt 12 Heldentaten, eine

davon ist die Überwindung der Hydra, der 9köpfigen Lernäischen Schlange.
*Theseus:* griech. Sagengestalt, Sohn des Königs Aigeus von Athen, erlegt mit Hilfe der Ariadne den Minotaurus im Labyrinth auf der Insel Kreta. (Minotaurus = Ungeheuer, halb Stier, halb Mensch. Labyrinth = Irrgarten, Gebäude mit vielen irreführenden Gängen.)

17,24 f. *geistreich-witzigen Wendungen:* auf die Pointe (witzige Wendung) kam es in der Dichtung der galanten Zeit (17. u. 18. Jh.) vor allem an.

17,26 *Panegyrikus:* überschwengliches Preis-, Lob- oder Festgedicht.

17,37 *Maßregeln:* hier ›Maßnahmen‹.

18,1 *schwankenden:* unklaren, zweideutigen.

18,14 *Supplik:* Bittschrift.

18,19 f. *Un amant . . . d'amour:* Ein Liebender, der die Diebe fürchtet, ist der Liebe nicht würdig.

18,23 *Tiraden:* leerer Wortschwall.

18,24 *Beim heiligen Dionys:* Anrufung des aus Rom kommenden hl. Dionysius (Saint-Denis), Gründer der ersten christl. Gemeinde in Paris, erster Bischof des Landes. Märtyrertod auf dem Montmartre um 270 n. Chr.

18,35 *auf das wehmütigste um aller Heiligen willen:* Hoffmann schreibt hier in der larmoyanten Manier (rührseligen Art) des ausgehenden 17. und des 18. Jh.s. Der empfindsam-rührselige Ton herrscht in einem Teil der Literatur und Dichtung dieser Zeit (vor allem der vom Pietismus beeinflußten) vor. Vgl. Anm. zu 3,24.

19,6 *Meuchelmörder:* hinterhältige Mörder.

19,15 *mit vergoldetem Schnitt:* Bei kostbaren Büchern werden die drei offen liegenden Schnittflächen des Buchblockes vergoldet.

19,28 *Geschmeide:* urspr. – vgl. schmieden – Metalle, Metallgerät, von daher ›Goldschmiedearbeit‹ und weiter abgeleitet ›blinkender Schmuck‹.

19,29 *beäugelte:* beäugeln: in Augenschein nehmen, genau betrachten.

19,31 *die eitle Montespan:* Françoise Athénais Marquise de Montespan (1641–1707), war nach der La Vallière und vor der Marquise de Fontanges die Geliebte Ludwigs XIV. Voltaire gibt eine Schilderung ihres Verhältnisses zum König. Eingehende Darstellung im Roman der Frau von Genlis »Die Herzogin von Lavalliere« (vgl. Kap. II).

20,12 f. *Tugend ... Frömmigkeit:* zwei Schlüsselbegriffe, Charakter, Handlungsweise und Haltung der Scuderi kennzeichnend. Vgl. die Deutung von Hellmuth Himmel, Kap. VI Texte zur Diskussion.

20,31 f. *Eure Freundschaft und Euer huldvolles Andenken:* Die Bitte ist tiefernst gemeint und keineswegs frivol, wie sie die Scuderi auffassen muß.

21,1–5 *Die Sonne ... aufblitzten:* Eine Stelle von symbolischer Bedeutung. Das Geschmeide ist hier zum erstenmal der Welt des Lichtes, des Hofes, der Vergeistigung, der Kunst anheimgegeben, somit nach Meinung seines Schöpfers einer adäquaten Welt zugeordnet. Das Kunstwerk ist nicht käuflich, sondern nur der Kunstwelt zuzueignen. Bei Veräußerung gegen Bezahlung empfindet sein Schöpfer es *auf unwürdige Weise vergeudet* (20,25 f.).

21,17 *Tragsessel:* Sänfte, Gestell zum Transport höhergestellter Personen durch Diener.

22,16 *René Cardillac:* Hoffmann wählt den Namen willkürlich aus Voltaires Schrift. Cardillac ist dort der Name des Gouverneurs von Schloß Trompette.

22,17 f. *einer der kunstreichsten und zugleich sonderbarsten Menschen seiner Zeit:* Olivier Brusson nennt ihn später den *verruchtesten und zugleich unglücklichsten aller Menschen* (53,28 f.). Vgl. Kleist, der seinen Michael Kohlhaas einen »der rechtschaffensten zugleich und entsetzlichsten Menschen seiner Zeit« nennt.

22,24 *gleißende:* ahd. glīzan, mhd. glīzen, glänzen, leuchten.

22,25 *Ehrenmann:* vir honestus, homme d'honneur, ein in der Gesellschaft hochangesehener Mann. Die Doppel- und Vielgesichtigkeit Cardillacs kündet sich bereits in dem Widerspruch seiner Wertung innerhalb der Gesellschaft und seinem äußeren Habitus an.

23,12 *Schmelztiegel:* Pfanne, in der Metalle zum Schmelzen gebracht werden.

23,18 *Louis:* Abkürzung für Louisdor, frz. Goldmünze, seit Louis XIII.

23,19 *bedungenen:* ausgehandelten.

23,35 f. *Cardillac läßt ihn nicht ausreden:* Der Tempusumschlag (grammatischer Zeitwechsel) in das Präsens dient der Spannung.

24,12 f. *über Hals und Kopf:* im heutigen Sprachgebrauch ›Hals über Kopf‹.

24,17 f. *wird Cardillac verdrießlich, grob, trotzig:* Hoffmann wendet als Mittel zur Steigerung die Stilfigur der Gradation (Stufengang) an.

24,26 *Trabanten:* abhängige, unselbständige Begleiter und Gefolgsleute einer höhergestellten Persönlichkeit, hier Polizeischergen.

24,28 *Kneipzangen:* nddt. Form für Kneifzangen.

24,36 *Enthusiasmus:* Begeisterung.

25,3 *das unternommene Werk:* das in Auftrag genommene Werk.

25,11 *Emblemen:* Emblem, lat. emblema, ›Sinnbild‹. Aus frz. emblème 17./18. Jh. ins Deutsche entlehnt.

25,12 *Racine:* Jean Racine (1639–99), einer der großen frz. klassischen Dichter, vor allem Tragödiendichter, von der Marquise de Maintenon sehr geschätzt.

25,24 *Meister Sonderling:* Einzelgänger, oft mit sonderbaren Eigenheiten und Manieren. Hoffmann hat viele absonderliche Figuren geschaffen, eine seiner berühmtesten ist der Kapellmeister Johannes Kreisler (Kreisleriana, Lebens-Ansichten des Katers Murr).

27,11 *kömmt:* veraltete Form für ›kommt‹.

27,13 f. *schön wie die Marquise de Fontange:* Marie Angélique de Scoraille de Roussille, Duchesse de Fontanges (1661–81), vgl. Anm. zu 19,31. Voltaire (Habs I,464) hebt ihre Schönheit bes. hervor, ebenso wie Frau von Genlis (»Geschichte der Frau von Maintenon« II,4 ff.).

27,21 *für Eure Tugend, für Eure hohe Verdienste:* Cardillac nennt ausdrücklich der Scuderi Tugend als Motiv seiner Verehrung, vgl. Anm. zu 20,12. Die hohen Verdienste der Scuderi sieht Cardillac in der Kunst der Scuderi, wie sie im Epigramm »Un amant ...« zum Ausdruck kommt.

28,4 *stöhnte – seufzte ... von dannen:* Stilform der stufenweisen Steigerung (Gradation).

28,24 *Kickindiewelt:* mnd. kīken, ›gucken‹; Kiekindiewelt: kleines Kind, unerfahrener Mensch.

28,37 *Ängstliches:* Beängstigendes.

28,37–29,1 *Nicht erwehren kann ich mir einer dunklen Ahnung:* Vereinzelt nicht nur bei Hoffmann ›erwehren mir‹ statt ›erwehren mich‹ gebräuchlich.

29,11 *Skrupel:* Bedenken, Zweifel.

29,17 *gar anmutige Verse:* Das Stilprinzip der Elegantia bestimmt weitgehend die Literatur des 17. Jh.s.

29,23 f. *Boileau Despréaux:* Nicolas Boileau-Despréaux (1636–1711), der bedeutendste Literaturtheoretiker des 17. Jh.s (»L'Art poétique«, 1674, »Die Dichtkunst«, vgl. Reclams UB Nr. 8523).

29,27 f. *Herzogin von Montansier:* richtige Schreibweise: Montausier (vgl. den Auszug aus Wagenseil in Kap. II).

29,28 *Pontneuf:* Seinebrücke in Paris, zwischen 1578 und 1604 erbaut, auf 12 Bogen ruhend, 229 m lang, 23 m breit. Gute und lebhafte Schilderung des Verkehrs in: Friedrich Schulz, »Über Paris und die Pariser«, Berlin 1791, S. 362 ff. Hoffmann scheint dieses Werk gekannt zu haben. (Vgl. Stadtplan, Nr. 5.)

29,28 f. *Noch war die Erfindung ... neu:* Voltaire schreibt: »Der König, der sonst alle seine Kriegsfahrten zu Pferde machte, legte diese Reise zum erstenmale in einer mit Spiegelscheiben versehenen Kutsche zurück« (Habs I,450) und »Um jene Zeit wurde auch die prunkvolle Bequemlichkeit der mit Spiegeln geschmückten und in Federn hängenden Kutschen erfunden« (Habs II, 12 f.).

29,32 *Pöbel:* lat. populus, frz. peuple; dt. Pöbel an das Frz. angeglichen, urspr. ohne verächtlichen Nebensinn, hier für das ungeschliffene, undisziplinierte Volk, das sich auf den Gassen herumtreibt.

30,7 *Schlag des Wagens:* Wagenschlag, Tür am Wagen, die zuzuschlagen ist.

30,12 *entseelt:* hier ›ohnmächtig‹.

30,13 *Schnur:* Signalschnur, die dem Kutscher Hinweise gibt.

30,18 *Riechfläschchen:* Mitglieder der höheren Gesellschaft führten immer Riechfläschchen mit sich, wenn sie durch die Straßen der Großstädte gingen oder fuhren, da sie dort wegen der mangelnden Kanalisation und Unratentfernung unangenehmen Dünsten ausgesetzt sind. Meyer schreibt in seinen »Briefen aus der Hauptstadt« (vgl. Kap. II): »Unreinlichkeit des stinkendsten Grades und kothige Gassen selbst mitten im Sommer sind noch immer das karakteristische Zeichen, wovon das Pariser Weichbild den alten Namen Lutetia [lutum: die zeitweilig durch Regen o. ä. feucht und weich gewordene Erde, Kot, Dreck] trägt, und alle Anstrengungen der Polizei vergebliche Arbeit selbst gegen die empörenden Sauereien, welche man sich auf den Gassen, vor und in den Häusern, besonders aber in den sogenannten allées oder passages, (Durchgänge der Häuser, um von der einen Gasse in die andere mit ihr parallel laufende zu kommen) erlaubt, und wodurch besonders die Abendluft verpestet wird. Diese eckelhafte Unsittlichkeit ist in dem Grade arg, daß selbst in Staatsgebäuden, wie auf der großen Treppe zum Vorsaal des IustizPallastes mit ehlenlangen Buchstaben die défense de faire des ordures ici (Verbot diese Treppe nicht zu verunflätigen) angemalt steht« (I,75).

31,10 *geboten:* aufgetragen.

31,12 *Talisman:* Siehe Anm. zu 16,26.

31,19 *la Chapelle:* Jean de la Chapelle (gest. 1723). Voltaire erwähnt ihn in seinem Schriftstellerverzeichnis (Habs II,286). Chapelle war General-Einnehmer der Finanzen, er schrieb einige Trauerspiele in der Manier Racines.

31,23 f. *in den schwarzen tragischen Himmel:* durch la Chapelles und Racines Deklamation (Vortrag) beschworen.

31,25 *Kolonnade:* frz. colonnade, ›Säulengang‹.

31,26 *der architektische Doktor Perrault:* Claude Perrault (1613–88), Arzt, beschäftigte sich nebenher als Autodidakt in allen Künsten, die mit der Zeichenkunst und Mechanik verbunden sind. Bedeutender Architekt; Entwurf zur Fassade des Louvre.

32,24 *auseinanderstäubt:* auseinandertreibt.

33,7 *mit starkem Wasser:* mit Branntwein oder Duftwasser.

33,11 *Olivier Brusson:* Bei Voltaire wird ein Claude Brousson erwähnt, die Vornamen Claude und Olivier kommen bei ihm oft vor.

33,14 *Der verruchte Mensch war ihr Geliebter:* Desgrais spricht von Olivier bereits und bezeichnenderweise in der Zeitform der Vergangenheit (Präteritum).

33,17 *Conciergerie:* Pariser Gefängnis für Untersuchungshäftlinge (vgl. Stadtplan, Nr. 6).

33,25 *ihr graute vor Desgrais . . .:* Die Strafverfolgungsorgane der chambre ardente werden neben den Verbrechern als zweite Geißel für die Bevölkerung von Paris erfahren.

33,35 *Blutgericht:* hier: ein Gericht, das willkürlich Bluturteile (Todesurteile) fällt.

33,36 *Serons:* Séron war der Arzt von Louvois (vgl. Anm. zu 12,27), er geriet in den Verdacht, diesen vergiftet zu haben.

34,35 *Hausleute:* Hausmitbewohner.

35,8 *Eidam:* Schwiegersohn.

36,24 *die Huld des Königs:* die Gnade des Königs. Der König hatte das Recht, jemanden gegen den Gerichtsspruch zu begnadigen.

36,36 *hämisches Lächeln:* boshaftes, hinterhältiges Lächeln.

36,37 *von häufigen Tränen:* in der älteren Bedeutung ›in Haufen, massenweise‹, seit dem späten 18. Jh. eingeschränkt auf ›oft‹.

37,13 *den Gang eines Kriminalprozesses:* Hoffmann war als Kammergerichtsrat durchaus mit der Prozeßordnung seiner Zeit und mit der Geschichte der Prozeßordnungen vertraut, zudem kannte er die wichtigsten Sammlungen von Kriminalfällen, wie seine gründliche Kenntnis des Pitaval beweist.

37,21–24 *Euer scharfsinniger Geist ... anstehen würde:* La Regnie verfolgt den Fall lediglich, in der Art aufklärerischer Betrachtungsweise, mit Scharfsinn; psychologische Betrachtungsweise liegt ihm völlig fern.

38,16 *Claude Patru:* Bei Voltaire taucht ein Olivier Patru auf. Hoffmann wählt den Namen willkürlich.
*Aufwärterin:* Haushälterin.

38,29 *Chronik:* Aufzeichnung historischer Ereignisse in zeitlicher Folge.

39,32 *Komplott:* Verschwörung.

40,8 f. *mit zeremoniöser Artigkeit:* wie es sich einer Dame der Hofgesellschaft gegenüber gehört (Galanterie). Zeremoniös: feierlich, förmlich. La Regnie hält die äußerlichen Formen der Galanterie ein.

40,19 *gehässig:* nach älterem Gebrauch für ›verhaßt‹, mhd. gehezzic; vgl. 70,37.

41,15–18 *So bitter ... Wahrheit:* Die Scuderi wird zum erstenmal mit dämonischen und unberechenbaren Seiten der menschlichen Seele konfrontiert. Der Romantiker

Hoffmann gibt einen Blick frei in die chaotische Seelenverfassung der Menschen, damit wird die vom Weltbild des Philosophen Gottfried Wilhelm Leibniz (1646–1716) geprägte Vorstellung von der »prästabilierten [vorherbestimmten] Harmonie« und der »besten aller möglichen Welten«, der auch die Scuderi huldigt, zutiefst in Frage gestellt. Vgl. zu diesen Fragen: Paul Hazard, Die Krise des europäischen Geistes 1680–1715 (Hamburg 1939). Hazard führt aus, indem er aus Leibniz' »Monadologie« zitiert: »Jeder Teil der Materie kann wie ein Garten voller Pflanzen und wie ein Teich voller Fische sein. Aber jeder Zweig der Pflanze, jedes Glied eines Tieres, jeder Tropfen seiner Säfte ist abermals solch ein Garten, solch ein Teich. Und obwohl die zwischen den Pflanzen des Gartens eingeschlossene Erde und Luft, das zwischen den Fischen des Teiches eingeschlossene Wasser weder Pflanze noch Fisch sind, so enthalten sie davon dennoch etwas, aber meistens in einer für uns nicht wahrnehmbaren Feinheit. So gibt es nichts Unbewohntes, Unfruchtbares, Totes im Universum; kein Chaos, keine Konfusion, außer dem Anschein nach. (Monadologie §§ 67, 68, 69.) – Kurzum: die Behauptung einer souveränen Harmonie in einer Form, daß wir, indem wir uns an ihr berauschen, in die Bezirke der reinen Liebe geraten« (S. 474 f.).

42,28 f. *gewisse:* attributiv ›gewiß‹ nicht im Sinne von ›unbestimmt‹, sondern in der Bedeutung ›unfehlbar‹.

43,19 *Tortur:* Folter, Anwendung körperlicher Qualen zur Erzwingung eines Geständnisses.

43,24 *Organ:* hier in der Bedeutung von ›Helfershelfer‹.

43,25 *Blutgerüst:* erhöhte Stätte für Hinrichtungen.

43,29 *wie eine heilige Beichte:* die kirchliche Beichte (kath. Kirche) unterliegt dem Beichtgeheimnis.

45,32 *sittiger:* veraltet für ›sittsamer, gesitteter‹.

46,32 *zeihen:* im gehobenen Stil für ›beschuldigen, anklagen‹, von Herder und Schiller neu belebte Vokabel.

47,25 *Monden:* schwach deklinierter Plural von ›Mond‹, bis ins 19. Jh. in der Bedeutung von ›Monat‹ gebraucht.

47,30 *gebrandmarkt:* brandmarken, brandmalen, abgeleitet von ›Brandmarke, Brandmal‹, ein vom Henker als Strafe aufgebrannter Fleck.

47,35 *hart gehalten:* streng gehalten.

47,35 f. *unerachtet:* ohne Rücksicht auf.
48,25 *Muhme:* Tante, allgem. ältere weibl. Verwandte.
49,14 *Vorstadt St. Martin:* nordöstl. Vorstadt von Paris. (Vgl. Stadtplan, Nr. 9.)
49,20 *verwogene Pläne:* verwegene Pläne.
49,23 *Blenden:* Nischen.
50,11 *Nachtwanderer:* Nachtwandler, Schlafwandler.
50,19 *trillerierend:* wahrscheinlich eine Mischung aus ›trillern‹ und ›tirilieren‹; trillern: von ital. trillo, ›schnelle Wiederholung nebeneinanderliegender Töne‹, tirilieren: onomatopoetisches Wort (schallnachahmend), dem Vogelgesang nachgeahmt.
50,20 *Federbusch:* Federschmuck auf Helmen oder Hüten.
50,21 *auf seinen Raub:* auf sein Opfer.
50,25 f. *Vermaledeiter:* Verfluchter, aus frz. maudire (afrz. maldire, lat. maledicere).
51,6 *lamentieren:* lat. lamentari, ›laut wehklagen‹.
51,7 *erzähle dreist:* erzähle ohne Furcht.
51,19 *Trugbild:* vorgetäuschtes, nicht der Wirklichkeit entsprechendes Bild.
51,24 f. *ging vor mir hell auf:* wurde mir bewußt.
51,30 *Leutseligkeit:* leutselig: den Leuten wohlgefällig, liebenswürdig.
52,22 *ich darf:* ›dürfen‹ entgegen der heute gängigen Bedeutung ›erlaubt sein‹ im Sinne von ›bedürfen, nötig haben, brauchen‹.
52,36 f. *Milchgesicht:* Jüngling, der Kindheit kaum entwachsen, noch bartlos.
53,27 *der Verfolg:* die Folgegeschichte, die Fortsetzung.
54,7 *den verlarvten Bösewicht:* den unter der Maske des Biedermanns lebenden Bösewicht.
54,11 *Unerachtet:* hier ›obgleich‹.
55,5 *in guter Hoffnung:* während der Schwangerschaft.
55,6 f. *von dem wunderbaren Einfluß ... auf das Kind:* Die Frage der vorgeburtlichen (pränatalen) Einflüsse auf das Kind werden in der Medizin bis heute lebhaft diskutiert. Zur Zeit Hoffmanns gab es bereits eine Menge Literatur zu diesem Thema, die allerdings nicht auf wissenschaftlich fundierten Ergebnissen ruht, sondern stark von magischen Vorstellungen ausgeht.
55,11 *Trianon:* Lustschloß im Versailler Park, für die

Maintenon von Ludwig XIV. gebaut. Historische Ungenauigkeit Hoffmanns, da die Eltern Cardillacs, der zur Tatzeit 59 Jahre alt war, früher gelebt haben müßten.

55,11 f. *Kavalier:* frz. cavalier, Reiter, Ritter, Edelmann bei Hof, der sich den Damen gegenüber dem Hofe gemäß, eben höflich, verhält.

55,25 *brünstig:* ahd. brunst, ›Brand, Glut‹, brünstig, ›glühend, erregt‹.

56,15 *geprägtes Gold:* mit härtenden Zusätzen versehenes, also nicht mehr reines Gold.

56,18 *Goldschmiedsprofession:* Beruf des Goldschmieds.

56,20 *Periode:* begrenzter Zeitabschnitt.

58,31 *Horts:* Schatzes.

*Labyrinth:* Vgl. Anm. zu 17,16 *Theseus.*

59,26 f. *Henriette von England:* Henriette Anna (1644–70), Tochter Karls I. von England, Gattin Herzog Philipps von Orleans. Über ihren Tod berichtet Voltaire (Habs I,451). Sie starb im Alter von 26 Jahren eines plötzlichen und schmerzhaften Todes, ob vergiftet, ist nicht geklärt.

60,24 *Kirche St. Eustache:* nahe dem Palais Royal, nördl. des Louvre (vgl. Stadtplan, Nr. 7).

62,20 *wähnend:* vermutend.

62,31 *Marter:* Folter, Tortur; vgl. Anm. zu 43,19.

63,10–24 *nach wenigen Augenblicken ... Hals:* Diese Stelle erinnert an Kleists »Erdbeben in Chili« (ersch. 1807), und zwar an die Szene, in der Jeronimo und Josephe nach der Katastrophe mitten im Chaos sich wiederfinden. Es heißt dort bei Kleist: »Mit welcher Seligkeit umarmten sie sich, die Unglücklichen, die ein Wunder des Himmels gerettet hatte! [...] Denn Unendliches hatten sie zu schwatzen vom Klostergarten und den Gefängnissen, und was sie um einander gelitten hätten; und waren sehr gerührt, wenn sie dachten, wie viel Elend über die Welt kommen mußte, damit sie glücklich würden!«

65,6 f. *Pierre Arnaud d'Andilly:* Hoffmann hat den Namen von Voltaire willkürlich entlehnt. Bei Voltaire wird ein Robert Arnauld d'Andilly unter den Schriftstellern erwähnt.

65,15 f. *Le vrai ... vraisemblable:* Boileau (s. Anm. zu 29,23 f.), L'Art poétique, III (Reclams UB Nr. 8523,

S. 38/39: »Zuweilen wirkt selbst Tatsächliches unwahrscheinlich.«).

65,16–27 *Er bewies der Scuderi ... Anlaß geben würden:* D'Andilly geht zunächst ganz im Stil juristischer Zeitmanier vor, indem er sich streng auf den empirisch-rationalen (der Tatsächlichkeit und der Vernunft gemäßen) Indizienbeweis verläßt.

66,15 *überlaufe:* hier im Sinne von ›störe, überfalle‹.

67,5 f. *ausgefragt hatte, wenn ich ... zu besuchen pflegte:* wenn/wann: Beide Formen wurden zunächst nebeneinander gebraucht, bes. in der Sprache des 18. Jh.s war der Austausch üblich.

67,11 *so galt es den gleichen Kampf:* dann wären die Chancen für jeden gleich in dem sich entspinnenden Kampf.

67,15 *Brustharnisch:* metallene, gepanzerte Weste.

67,28 *das Schwert der Gerechtigkeit:* Die Justitia (Gerechtigkeit) wird sinnbildhaft mit dem Schwert dargestellt.

67,31 f. *Marschall von Luxemburg:* Vgl. Anm. zu 12,23 f.

70,4 *Robe:* langes, elegantes Kleid, zu feierlichen Anlässen getragen.

70,9 *Majestät:* hier ›Erhabenheit‹.

72,4 *Purpur:* roter Farbstoff, urspr. aus dem Saft der Purpurschnecke gewonnen.

72,7 *Lilienbusen:* Topos (typische Redewendung) der Literatur des 17. und 18. Jh.s.

72,13 *la Valliere:* Louise-Françoise de la Baume Le Blanc, Duchesse de La Vallière (1644–1710), Geliebte Ludwigs XIV. vor der Madame de Montespan (vgl. Anm. zu 19,31) von 1661 bis 1674, sie ging 1675 ins Kloster (Habs I,427 ff.). Frau von Genlis berichtet von ihr: »Weder auffallend war sie noch regelmäßig schön; ihr Anblick blendete nicht, aber er rührte und entzückte, und es war nicht möglich, sie gleichgültig zu betrachten. Große blaue, halb von langen schwarzen Wimpern verschleyerte Augen, und eine reine, weiße, auch nicht mit dem leisesten Schimmer von Röthe vermischte Gesichtsfarbe, verliehen ihrer Physiognomie eine bezaubernde Sanftheit« (»Die Herzogin von Lavalliere«, S. 8).

72,34 *Sœur Louise de la miséricorde:* Schwester Luise von der Barmherzigkeit.

*Federzeichnung Theodor Hosemanns aus Hoffmanns »Gesammelten Schriften«, Berlin 1844/45*

72,35 *Karmeliternonnen:* Die Karmeliterinnen sind der weibliche Zweig des Karmeliterordens, eines nach dem Vorbild der Franziskaner 1247 gegründeten Bettelordens, aus der 2. Hälfte des 15. Jh.s.

73,13 *Ganze Züge:* ganze Abteilungen. (Zug, heute noch in Umzug, Martinszug usw.)

73,31 f. *Bontems:* bei Voltaire erwähnt als des Königs Diener (Habs I,469).

74,29 *Parlamentsadvokat:* Rechtsbeistand im Parlament.

75,37–76,1 *Harloy de Chauvalon:* richtig: Chanvalon (1625–95). Vgl. Habs I,469.

76,6 *durch mörderischen Anfall:* durch mörderischen Überfall.

## II. Die historischen Quellen

Die Erzählung »Das Fräulein von Scuderi« ist im wesentlichen eine Eigenschöpfung des poetischen Ingeniums E. T. A. Hoffmanns. Die Schriften, die hier als Quellen aufgezählt werden können, haben dem Dichter nicht mehr als ›Stoff‹, und zwar nur einzelne unverbunden auseinanderliegende Anekdoten bieten können. Unter dieses verstreute Anekdotengut mischen sich historische Fakten. Die Zentralfigur, der Goldschmied und Künstler Cardillac, der zugleich einen pathologischen Fall abgibt, ist Hoffmanns geniale Schöpfung; es gibt kein analoges oder adäquates Vorbild in der Literatur.

Die Schriften, denen Hoffmann mit Sicherheit faktische Details entnommen hat, sind weitgehend bekannt; für einige Details konnten die Quellen nicht ermittelt werden. In diesem Kapitel werden die ermittelten Quellen, soweit sie Details von Bedeutung beisteuern, aufgezählt und die längeren zusammenhängenden wichtigen Passagen abgedruckt; kleinere Fundstellen sind in den Wort- und Sacherklärungen erwähnt.

1a M. de Francheville (d. i. François-Marie Voltaire): Le siècle de Louis XIV. 4 Bde. Verlagsbuchhandlung Henning, Berlin, 1751.

b Voltaire, François-Marie: Siècle de Louis XIV. 2 vols. (Œuvres Complètes de Voltaire. Tom. XX/XXI.) De l'Imprimerie de la Société littéraire-typographique. 1785.

c Die Zeiten Ludewigs des XIV. Aus dem Französischen des Herrn von Voltaire übersetzt. Neue viel vermehrte Auflage. 2 Theile. Dresden 1778. In der Waltherischen Hofbuchhandlung.

Voltaire wird in der vorliegenden Publikation zitiert nach: Das Zeitalter Ludwigs XIV. Deutsch von Robert Habs. 2 Bde. Leipzig [1887 u. ö.]. Druck und Verlag von Philipp Reclam jun. (Universal-Bibliothek Nr. 2271–78.)

2a Causes celebres et interessantes, avec les jugemens, qui les ont decidees. Recueillies par Mr. Gayot de Pitaval, Avocat au Parlement de Paris. A la Haye. Chez Jean Neaulme 1737 ff.

b Gayot von Pitaval: Sonderbare und merkwürdige Rechtsfälle, umgearbeitet und vermehrt, von Herrn Richer, Parlamentsadvocat zu Paris, deutsch herausgegeben von Carl Wilhelm Franz, Regierungsadvocat zu Gera. 4 Theile. Jena, im Verlag der Cunoischen Buchhandlung. 1782–92.

3 Joh. Christophori Wagenseilii De Sacri Rom. Imperii Libera Civitate Noribergensi commentatio. Accedit, De Germaniæ Phonascorvm Von Der Meister-Singer / origine, præstantia, vtilitate, et institvtis, sermone vernacvlo liber. [S. 433: Buch Von Der Meister-Singer Holdseligen Kunst Anfang / Fortübung / Nutzbarkeiten / und Lehr-Sätzen.] Altdorfi Noricorvm Typis Impensisqve Jodoci Wilhelmi Kohlesii MDCXCVII.

4 Briefe aus der Hauptstadt und dem Innern Frankreichs, von F. J. L. Meyer Dr., Domherrn in Hamburg, Mitgliede mehrerer gelehrten Gesellschaften in Deutschland und Frankreich. 2 Bde. Tübingen. In der J. G. Cotta'schen Buchhandlung. 1802. ($^2$1803.)

5 Paris wie es war und wie es ist. Ein Versuch über den vormaligen und heutigen Zustand dieser Hauptstadt in Rücksicht der durch die Revolution darin bewirkten Veränderungen. Nebst einer umständlichen Nachricht von bedeutendsten National-Anstalten für Wissenschaften und Künste wie auch von den öffentlichen Gebäuden. In einer Reihe von Briefen eines reisenden Engländers. Aus dem Englischen übersetzt und mit Erläuterungen versehen. 3 Theile. Leipzig, bey Gerhard Fleischer dem Jüngern. 1805/06.

6 Die Herzogin von Lavalliere von Frau von Genlis, aus dem Französischen übersetzt von Frau H. von Hastfer. Frankfurt a. M. bey Friedrich Wilmans. 1804.

7 Geschichte der Frau von Maintenon. Nach dem Französischen der Frau von Genlis von K. L. M. Müller. Leipzig, 1807. Bei J. C. Hinrichs. 2 Bde.

Bei Quelle 6 und 7 ist nicht mit Sicherheit nachzuweisen, ob sie von E. T. A. Hoffmann benutzt wurden, da in Frage stehende Details auch aus anderen Quellen stammen könnten.

Die Anekdote vom venezianischen Schuster, die Ottmar, einer der Serapions-Brüder, im Anschluß an die Erzählung »Das Fräulein von Scuderi« erzählt, ist bisher aus Quellen nicht zu belegen gewesen. Sie sei hier mitgeteilt:

»›Doch‹, nahm Ottmar das Wort, ›doch erinnere ich mich irgendwo von einem alten Schuster zu Venedig gelesen zu haben, den die ganze Stadt für einen fleißigen frommen Mann hielt und der der verruchteste Mörder und Räuber war. So wie Cardillac, schlich er sich zur Nachtzeit fort aus seiner Wohnung und hinein in die Paläste der Reichen. In der tiefsten Finsternis traf sein sicher geführter Dolchstoß den, den er berauben wollte, ins Herz, so daß er auf der Stelle lautlos niedersank. Vergebens blieb alles Mühen der schlausten und tätigsten Polizei, den Mörder, vor dem zuletzt ganz Venedig erbebte, zu erspähen, bis endlich ein Umstand die Aufmerksamkeit der Polizei erregte und den Verdacht auf den Schuster leitete. Der Schuster erkrankte nämlich und sonderbar schien es, daß solange er sein Lager nicht verlassen konnte, die Mordtaten aufhörten, sowie er gesundet, aber wieder begannen. Unter irgendeinem Vorwande warf man ihn ins Gefängnis und das Vermutete traf ein. Solange der Schuster verhaftet, blieben die Paläste sicher, sowie man ihn, da es an jedem Beweise seiner Untaten mangelte, losgelassen, fielen die unglücklichen Opfer verruchter Raubsucht aufs neue. Endlich erpreßte ihm die Folter das Geständnis und er wurde hingerichtet. Merkwürdig genug war es, daß er von dem geraubten Gut, das man unter dem Fußboden seines Zimmers fand, durchaus keinen Gebrauch gemacht hatte. Sehr naiv versicherte der Kerl, er habe dem Schutzpatron seines Handwerks, dem heiligen Rochus gelobt, nur ein gewisses rundes Sümmchen zusammenzurauben, dann aber einzuhalten, und schade sei es nur, daß man ihn ergriffen, ehe er es zu jenem Sümmchen gebracht.‹«

Die Serapions-Brüder, S. 709 f.

Hoffmann selber weist auf einen Teil seiner Quellen innerhalb der Gespräche der Serapions-Brüder unmittelbar vor und nach der Erzählung »Das Fräulein von Scuderi« hin:

»›Wir haben‹, sprach Sylvester, ›soeben an Voltaire gedacht, ihr möget daher, meine teuren Serapions-Brüder, an sein ‚*Siècle de Louis XIV.*' und an dies Zeitalter überhaupt selbst denken, aus dem ich die Erzählung entnommen, die ich demütigst eurer gütigen Aufnahme empfehle.‹«

Die Serapions-Brüder, S. 648

»›Von dem venezianischen Schuster‹, sprach Sylvester, ›weiß ich nichts, soll ich euch aber treu und ehrlich die Quellen angeben, aus denen ich schöpfte, so muß ich euch sagen, daß die Worte der Scuderi: *Un amant qui craint etc.* wirklich von ihr und zwar beinahe auf denselben Anlaß, wie ich es erzählt, gesprochen worden sind. Auch ist die Sache mit dem Geschenk von Räuberhänden durchaus keine Geburt des von günstiger Luft befruchteten Dichters. Die Nachricht davon findet ihr in einem Buche, wo ihr sie gewiß nicht suchen würdet, nämlich in Wagenseils Chronik von Nürnberg. Der alte Herr erzählt nämlich von einem Besuch, den er während seines Aufenthalts in Paris bei dem Fräulein von Scuderi abgestattet, und ist es mir gelungen, das Fräulein würdig und anmutig darzustellen, so habe ich das lediglich der angenehmen Courtoisie zu verdanken, mit der Wagenseilius von der alten geistreichen Dame spricht.‹ ›Wahrhaftig‹, rief Theodor lächelnd, ›wahrhaftig, in einer Nürnberger Chronik das Fräulein von Scuderi anzutreffen, dazu gehört ein Dichterglück, wie es unserm Sylvester beschieden.‹«

Die Serapions-Brüder, S. 710 f.

In dieser Nürnberger Chronik von Johann Christoph Wagenseil heißt es:

»Ich muß noch eine artige Begebnus erzehlen / so sich eben zur selbigen Zeit zutrug. Es hatte ein bell'humor[1] eine Supplication[2] in Versen / gleichsam / an den König aufgesetzet / im Nahmen aller Verliebten zu Paris / ihn bittend: Er möchte sich doch gefallen lassen / denen nächtlichen Beutel-Schneidern[3] einen Einhalt zu thun / und sie aus der Stadt zu jagen / damit man ohngehindert denen Maistressen die schuldige Aufwartung leisten könne. Es lebe sonst jeder-

1 Schalk.
2 Bittschrift.
3 Diebe, die den Geldbeutel abschneiden oder aufschlitzen.

mann unter seiner glückseeligen Regierung in Friede und in Ruhe / nur allein sie müsten in steten Furchten leben / und unverschuldeter Weis / die allergröste Quaal ausstehen. Demnach wünschten sie / daß die güldene Zeiten der Regierung des Henrici IV. als des Königs Groß-Vatters wieder erscheinen möchten / da die Liebes-Göttin ihren Tempel in Paris hatte / und niemand verhindert wurde / Sie / und ihre Nymfen anzuruffen / und den Weyrauch auf ihren Altåren anzuzünden. Ich bin um die Requeste[4] selbsten / wie viel andere dergleichen Sachen / kommen / und also kan ich nichts als den Inhalt / welchen ich wol behalten / darstellig machen. Diese Bittschrift / deren Autorem man nicht erfahren können / nachdem sie einige Tage in Paris war herum getragen worden / so kam als in Namen der Beutel-Schneider eben auch an den König in Versen eine Exception-Schrift[5] herfür / von der man aber bald in Wissenschaft kommen / daß die Fräulein von Scudery solche aufgesetzet. Hie wurde nun von den Beutel-Schneidern eingebracht / daß eben die Galanen keine Ursach hätten / sich groß zu beklagen / sintemalen sie die Zeit wol wüsten in acht zu nehmen / und unter den Fürwand / daß die Gassen zu Nachts wegen der Beutel-Schneider nicht sicher / nur desto früher zu ihren Maistressen giengen / und desto länger bey ihnen blieben. Zu dem / wann man einen solchen Galan ohngefehr antreffete / so habe er gantz nichts bey sich / als etwan ein Schnuptuch / ein Haarband / und einen Beutel nicht wol mit schlechter Silber-Müntz angefüllet. Der Schluß war / daß der König angeflehet wurde / als der allergerechteste Richter dieses billige Urtheil zu fellen:

Vn Amant qui craigne les Voleurs,
N'est point digne d'amour.

Dieses Gedicht ward gelobet / und es stunden wenig Tage an / so kam ein Mann von schlechter Leibesgestalt / und nicht zum besten bekleidet / in der Fräulein von Scudery Haus / und ließ sich durch ihre Kammer-Dienerin bey ihr anmelden / weil er etwas nothwendiges fürzubringen hätte.

4 Bittschrift, Gesuch.
Schrift, die einen Einspruch enthält.

Die Kammerdienerin gehet zu der Fräulein / und berichtet sie / welcher gestalt einer vorhanden sey / der mit ihr zu reden verlange / er sey aber etwas grauslicht anzuschauen / und habe allerdings das Ansehen eines Beutelschneiders. So behüte mich GOtt / sagte die Fräulein / daß ich mit ihm rede / und gehet ihr hin / und entschuldigt mich / daß ich wegen obliegender Geschäffte / die keinen Aufschub leiden / ihn selbst nicht für mich lassen könne / er solle aber euch nur sagen / was er verlange. Die Kammerdienerin richtet die empfangene Antwort aus / allein der Mensch wolte sich nicht abweisen lassen / sondern beharrete / er hätte in Befehl / nicht von dannen zu gehen / biß er selbsten bey der Fräulein sein Anbringen abgeleget. Nachdem nun die Kammerdienerin dieses abermals der Fräulein hinterbracht / ward bey dieser das Bedencken mit dem Mann zu reden / um so viel mehr gestercket / befiehlet demnach der Kammerdienerin / ihm zu bedeuten / daß / weil er von seiner Verrichtung nichts eröffnen wolte / sie aber ihn der Zeit nicht sprechen könte / so möchte er ein andermal zu gelegener Zeit wiederkommen. Als die Kammerdienerin auch dieses dem Mann ausgerichtet / ziehet er ein schönes Körblein aus dem Sack herfür / und sagt / die gesamte löbliche Gesellschafft der Beutelschneider hätten ihn abgefertigt / und ließe sich gegen die Fräulein gebührend bedancken / daß sie ihre Vertrettung bey den König übernehmen / und die wieder sie eingegebene Klagschrifft / so nachdrücklich beantworten wollen: es erforderte ihre Schuld / sich auch in der That erkantlich zu erweisen / und schicke ihr demnach / in diesem Körblein ein geringes Armband / wie auch eine Uhr / und einen kleinen Beutel / mit Bitte / solches für gut zu nehmen / sintemalen es die beste Beute wäre / so ihnen innerhalb 15. Tagen zu Theil worden / und sey der Fräulein bekant wol / daß der Zeit nicht viel zu gewinnen. Die Kammerdienerin wuste fast nicht / was sie thun solte / entschliesset sich doch / das Geschenck anzunehmen / und bey ihrer Fräulein die Bottschafft abzulegen / da aber diese hingieng / machte sich der Abgeordnete davon. In was für eine Verwirrung die Fräulein gesetzet worden / ist leicht zu erachten / sonderlich / als sie die Kostbarkeit des Geschencks betrachtet / dann das Armband war von Gold / zierlich mit Haaren durchflochten / die Uhr ebenmässig gülden / von durchbrochener Arbeit / und der Beutel enthielt 12. Pistolen[6] / welches alles / wann es mit Unrecht solte abgenommen worden seyn / sie ein Bedencken trug / solches bey sich zu behalten. Es kam aber heraus / daß die Herzogin von Montausier diese Lust so angestellet / und getrachtet / die Fråulein durch dieses Geschenck zu begůnstigen.«

Quelle 3, S. 561–563

Pitaval/Richer:

»Man hat es in Italien dahin gebracht, daß man so feine und verdeckte Gifte zuzubereiten versteht, die das Auge und die Kunst des geschicktesten Arztes betrügen. Einige würken langsam und verzehren den Körper nach und nach durch tödtliche Mattigkeit, andere greifen geschwind und heftig an, beyde Arten aber lassen *keine Spur nach sich*, woraus man die wahre Ursache des Todes errathen könnte.«

Quelle 2b, I,343 f.

Voltaire:

»Zwei Italiener, von denen der eine Exili[a] hieß, arbeiteten lange Zeit mit einem deutschen Apotheker, namens Glaser, an der Aufsuchung des sogenannten Steins der Weisen. Die beiden Italiener verloren darüber das Wenige, was sie besaßen, und wollten nun den ihnen durch ihre Thorheit erwachsenen Schaden durch das Verbrechen wett machen: sie verkauften im geheimen Gift. Die Beichte, der größte Zügel für die menschliche Ruchlosigkeit, mit dem man aber Spott treibt, indem man Verbrechen, die man abbüßen kann, auch begehen zu dürfen glaubt – die Beichte also brachte zur Kenntnis des Groß-Pönitentiarius von Paris, daß verschiedene Personen an Gift gestorben waren. Er machte der Regierung davon Mitteilung. Die beiden verdächtigen Italiener wurden nun in die Bastille gesetzt. Der eine von beiden verstarb darin, Exili aber blieb im Gefängnis, ohne überführt zu werden, und verbreitete von seiner Zelle aus über Paris jene verderblichen Geheimnisse, die dem Civil-

6 Von Philipp II. (1555–98) eingeführte span. Goldmünze, die von den übrigen europ. Ländern nachgeprägt wurde.

a Nach neuern Ermittlungen lautete der Name des Alchemisten vielmehr *Egidi*. (R. H.)

Richter d'Aubrai und seiner Familie das Leben kosteten und schließlich zur Einsetzung des Gerichtshofes für die Giftmischer, der sogenannten *Brand-Kammer* (chambre ardente), führten.

Die Liebe war die erste Quelle dieser grauenhaften Vorkommnisse. Der Schwiegersohn des Civil-Richters d'Aubray, der Marquis von Brinvilliers, nahm einen Hauptmann seines Regiments, namens Sainte-Croix[b], der ein nur zu schönes Gesicht hatte, in sein Haus auf. Seine Frau machte ihn auf die Folgen aufmerksam, die davon zu befürchten standen, der Gatte aber bestand hartnäckig darauf, den jungen Mann mit seiner jungen, schönen und empfindsamen Frau zusammen wohnen zu lassen. Was geschehen mußte, geschah: die beiden liebten sich. Der Civil-Richter, der Vater der Marquise, war streng und unklug genug, eine Lettre-decachet zu erbitten und den Hauptmann, den man nur zu seinem Regimente zu schicken brauchte, in die Bastille bringen zu lassen. Unglücklicherweise wurde Sainte-Croix dort in dasselbe Zimmer gesetzt, in welchem Exili sich befand. Der Italiener lehrte ihn, wie er sich rächen könne, und die grauenhaften Folgen sind bekannt. Auf das Leben ihres Gemahls, der gegen eine Liebe, zu der er selbst den Anlaß gegeben, nachsichtig gewesen war, machte die Marquise keinen Angriff, aber die Rachsucht bewog sie, ihren Vater, ihre beiden Brüder und ihre Schwester zu vergiften. Trotz aller ihrer Verbrechen war sie fromm: sie ging häufig zur Beichte, und als sie in Lüttich verhaftet wurde, fand man sogar eine eigenhändig geschriebene General-Beichte bei ihr vor, die dann, nicht als Beweis, aber als Verdachtsgrund gegen sie diente. Daß sie ihre Gifte in den Hospitälern erprobt habe, wie das Volk behauptete, und wie in den ›Berühmten Rechtshändeln‹, einem für das Volk geschriebenen Werke eines beschäftigungslosen Advokaten, zu lesen steht, ist unwahr, wahr aber ist, daß sie ebenso wie Sainte-Croix heimliche Verbindungen mit Personen unterhielt, die später derselben Verbrechen wegen angeklagt wurden. Sie wurde 1676 verbrannt, nachdem ihr der Kopf abgeschlagen wor-

[b] Die unter dem Namen La Martinières herausgegebene »Geschichte Ludwigs XIV.« nennt ihn den Abbé de La Croix. Diese durch und durch fehlerhafte Geschichte wirft die Namen, die Daten und die Thatsachen bunt durcheinander.

den war. Vom Jahre 1670 aber, wo Exili Gift zu bereiten begonnen hatte, bis zum Jahre 1680 machte dies Verbrechen Paris unsicher. Man darf nicht verhehlen, daß sogar der General-Einnehmer der Geistlichkeit, Penautier, ein Freund der Marquise, einige Zeit später angeklagt wurde, ihre heimliche Wissenschaft angewandt zu haben, und daß es ihn die Hälfte seines Vermögens kostete, um diese Anklage zu unterdrücken.«

Habs I,454–456

Pitaval/Richer:

»Zur wohlverdienten Strafe wird sie daher hierdurch verurtheilt, auf einem Karrn, mit blosen Füssen, einen Strick um den Hals, und in der Hand eine brennende Kerze, zwey Pfund schwer, an die Thüre der Hauptkirche zu Paris gebracht zu werden, und daselbst dergestalt Kirchenbuse zu thun, dass sie auf ihren Knien bekennen und sagen soll, sie habe aus Ruchlosigkeit, Rachsucht und Geldbegierde ihren Vater und zween Brüder vergiftet, auch ihrer Schwester nach dem Leben getrachtet. Wenn dieses geschehen, soll sie alsdenn auf den Greveplatz abgeführt, und ihr daselbst, auf einem darzu errichteten Schavot, der Kopf abgehauen, ihr Körper verbrannt und die Asche in die Luft gestreut werden. Ehe jedoch diese Strafe an ihr vollstreckt wird, soll sie noch auf die ordentliche und ausserordentliche Folter gebracht werden, um ihre Mitschuldigen anzugeben. [...]
Eine gewisse Voisin war so berühmt wie die Brinvillier und hatte noch überdiess eine Zauber- und Wahrsagerbude errichtet. Wenn eine Frau zu ihr kam und sich erkundigte, ob sie nicht bald Witbe werden würde, so war das erste, dass die vermeinte Zauberin ihre magischen Beschwörungen verrichtete und sich ihren Lohn bezalen lies, sodann bestimmte sie eine gewisse Zeit, wenn der Ehemann sterben würde, und zur Versicherung ihres Versprechens fügte sie noch bey, es sollte noch eine Anzeige vorhergehen. Diese Anzeigen waren von verschiedener Art, bald zerbrach ein Gefäss von Porzellan, bald ein schöner Spiegel, dem ein bestochener Bedienter schon eine solche Stellung gegeben hatte, dass er fallen muste und es doch schien, als ob es ganz von ohngefähr geschähe, bald in einem Geräusche,

wovon niemand die Ursache errathen konnte, oder in einem andern scheinbaren Kunststückgen von der Art. Indes starb der Ehemann immer zur angegebenen Zeit, aber freylich durch Hülfe eines Giftes, den ihm das abscheuliche Weib zuzubringen wuste, und so hatte eine solche Ehefrau das Vergnügen, Witbe zu werden, ohne etwas anders darzu beygetragen zu haben, als das sie zu der Zauberin gieng, sie fragte und bezalte.«

Quelle 2b, I,433 und 452

## III. Dokumente zur Entstehungs- und Wirkungsgeschichte

Das erste authentische Dokument zur Entstehung der Erzählung liegt in einem Schreiben Hoffmanns an seinen Leihbibliothekar Kralowsky in Berlin vor. Dieser Brief weist zugleich auf wichtige Quellen (vgl. Kap. II) zur Erzählung »Das Fräulein von Scuderi« hin:

»Mit dem verbindlichsten Danke sende ich Ihnen, Verehrtester Freund! die Meierschen Briefe und ›Paris wie es war‹ pp zurück, aus denen ich einige Notizen entnommen.
Sollten Sie nicht die Uebersetzung von Voltair's ›Siecle de Louis XIV‹ besitzen, so giebt es ein Paar Romane von der Frau von Genlis die im ZeitAlter Ludwig des Vierzehnten spielen, der eine ist ni fallor[1], die Geschichte der La Valiere pp. Außerordentlich würden Sie mich verbinden, wenn Sie mich mit einem solchen Werklein aus der Verlegenheit ziehen könnten.

Hochachtungsvoll

Hoffmann

28 Maerz 18«

E. T. A. Hoffmanns Briefwechsel. Bd. 2. Hrsg. von Friedrich Schnapp. München: Winkler 1968. S. 161.

Aus einem Brief Hoffmanns vom 17. Oktober 1818 an die Schriftstellerin Helmina von Chézy (1783–1856) geht hervor, daß das Manuskript der Erzählung bereits an den Herausgeber des »Taschenbuchs für das Jahr 1820. Der Liebe und Freundschaft gewidmet« abgeschickt war:

»Fürs erste ist es nun unmöglich, daß ich den Beitrag im Lauf des Oktobers liefern kan, vielmehr müßte Hr. E[ngelmann] sich bis spätestens Weihnachten um so mehr gedulden als ich früherm Versprechen gemäß noch Beiträge für das Becker-Gleditsch[sch]e Taschenbuch[2], für das Rheini-

1 Wenn ich mich nicht täusche.
2 Taschenbuch zum geselligen Vergnügen auf das Jahr 1820. Jg. 30. Leipzig: Gleditsch; Wien: Gerold. 1820 erschien hierin »Signor Formica« von Hoffmann.

sche T. B.[3], für die Urania[4] und für den Wintergarten[5] zu liefern habe. Für Liebe und Freundschafft habe ich bereits eine Erzählung abgesandt.«

Briefwechsel II,178

An dieser lapidaren Mitteilung ist zu erkennen, welcher Fülle von Aufträgen (vorwiegend für die in dieser Zeit beliebten Taschenbücher, Journale, Almanache) Hoffmann nachzukommen hatte. Viele der Erzählungen, die Hoffmann später zu Zyklen zusammengebunden hat, sind zunächst einmal separat in Taschenbüchern erschienen. Helmina von Chézy ist eine jener Schriftstellerinnen, die eifrig für Frauentaschenbücher produzierten. Unter dem 4. Januar 1819 schreibt der Herausgeber des Taschenbuchs, Dr. Stephan Schütze, an dessen Verleger Gebrüder Wilmans nach Frankfurt a. M.:

»Das übrige Manuscript zum Taschenbuch 1820 werden Sie nächstens erhalten. Sie können ja immer einstweilen mit dem Abdruck einer Erzählung, etwa der Hoffmannischen, die schon ein Stückchen Zeit erfordert, anfangen lassen.«

E. T. A. Hoffmann in Aufzeichnungen seiner Freunde und Bekannten. Eine Sammlung von Friedrich Schnapp. München: Winkler 1974. S. 458

In einem Brief Hoffmanns an Schütze vom 17. Februar 1819 erhebt der Dichter scharfe Kritik an der »fabrickmäßigen Manier der gewöhnlichen Taschenbuchzeichner«, vor allem des Zeichners Johann Heinrich Ramberg (1763 bis 1840), der vor dem fachmännischen Urteil Hoffmanns nicht bestehen kann. Am Ende des Briefes stellt er die Frage:

»Wird die ›Scudery‹ mit einem Kupfer versehen, und von welchem Zeichner?«

Briefwechsel II,200

Hoffmann ahnte nicht, daß ausgerechnet Ramberg dazu ausersehen war, seine Erzählung zu illustrieren.

3 Das Rheinische Taschenbuch. Frankfurt a. M.
4 Urania. Taschenbuch auf das Jahr 1820. Neue Folge. Jg. 2. Leipzig: Brockhaus 1820. Darin erschien von Hoffmann »Spielerglück«.
5 Der Wintergarten. Hrsg. von St. Schütze. Frankfurt a. M.: Wilmans.

*Sc. aus der Erzählung: Das Fräulein von Scuderi, von T. Hoffmann.*

*Stich nach einer Zeichnung von Johann Heinrich Ramberg zum Erstdruck der Erzählung*

Die Problematik der Rambergschen Illustration greift Schütze dann gegenüber den Verlegern in einem Brief vom 4. Oktober 1819 auf, dieser Brief dokumentiert zugleich die erste Leserreaktion auf Hoffmanns Erzählung:

»Das Fräulein Scuderi hat mich beim zweiten Lesen wieder so angezogen, daß ich gar nicht davon kommen konnte, bis es zu Ende war. Aber über die Druckfehler im Taschenbuch [›der Liebe und Freundschaft gewidmet‹] hat diesmal ganz besonders ein böser Genius gewaltet. ...
[Johann Heinrich] Ramberg hat auch nicht wohl gethan, bei der Scuderi die Mordscene zu wählen. Wer verlangt, so etwas zu sehen und was sieht man daran, da der Phantasie gar nichts übrig bleibt! [...]
Die Einlage ist besorgt. Aber nun wegen des 5ten Kupfers [zum Taschenbuch für das Jahr 1821]. Sie wissen, welche Mühe ich mir wegen einer Erzählung von Hoffmann gegeben, und daß ich ihm sogar das Honorar im voraus geschickt habe.[6] [...]
Ja – wenn nur an Hoffmann nicht so viel gelegen wäre! Eine gute Erzählung von ihm übertrifft wirklich alles, was nur in der Art in allen Taschenbüchern zu lesen ist. Mit einem solchen Autor muß man schon Geduld haben. – Sobald die Erzählung kommt, schicke ich sie Ihnen eiligst zu, und sie *muß* nun kommen. –
Sonst – Manuskript könnte ich Ihnen genug schicken, aber nicht rühr' an!«

Aufzeichnungen, S. 495 f.

Das Taschenbuch erschien im Oktober 1819. Bereits am 19. November erfolgte die erste öffentliche Rezension, und zwar von Therese Huber, im »Morgenblatt für gebildete Stände«:

»›Fräulein von Scudery‹ eine aus dem Zeitalter Ludwig des Vierzehnten erzählte Geschichte von E. Z. Hofmann, ist spannend, und gut kostumirt; sie ist um so schöner erzählt, als sie den Leser um die Länge täuscht, die durch das häufige redend Einführen der handelnden Personen entsteht. Wir sind nicht orientirt, wie vieles von der Ausmahlung

6 Der Beitrag Hoffmanns für diesen Jahrgang kam nicht.

dieser Erzählung aus historischen Quellen genommen ist, finden aber darin eine sehr sinnreiche und wahrscheinliche Erklärung einer fürchterlichen Thatsache, die sich vor wenigen Jahren in London wiederholte, indem sich viele unsrer Leser des *Monsters* erinnern werden, das den Zeitungen zufolge zahlreiche Mordanfälle versuchte.«

Morgenblatt für gebildete Stände. Jg. 1819. Literaturblatt Nr. 48. S. 192

Sehr schnell fand die Erzählung beim Leserpublikum lebhaftes Echo. So schrieb Rahel Varnhagen (1771 bis 1833), Mittelpunkt eines geistreichen Berliner Literaten- und Philosophensalons, unter dem Februar 1820:

»Es ist doch ganz unbegreiflich, daß grade Undine [von Fouqué] so viel Aufsehen gemacht hat, und nun wieder Mlle. de Scudéry von Hoffmann so viel erregt. Beide Piecen tragen ihren Wurm von Haus aus in sich: ihren eigenen Tod. Der Plan ist den Autoren nicht klar geworden. [...] Hoffmanns Scudéry ist nun gar der Gerichtsstube – um das Edlere vom Gericht zu nennen – nahe geblieben, und ›soviel Worte, soviel Lügen‹! Da blühen die Unwahrscheinlichkeiten und Widersprüche nur so, auf einem eignen Felde, das wenigstens voller Diktion stehen sollte: die man aber ganz vermißt. Ludwigs XIV. Zeit ist ganz willkürlich gewählt, da nichts als zwei Namen, die der Damen Maintenon und Scudéry, beibehalten sind; und die einiger Straßen. Die Leute sprechen bei St. Denys, und nicht bei dem König der Schicklichkeit, dessen Gesetze darüber noch gelten. Seine Polizei ist, in den wichtigsten Fällen von Raub und Mord, wovon der erste sogar Henriette von England betrifft, die schlechteste von der Welt. Sie findet, trotz persönlichem Schreck, und Keuchen bei der Untersuchung des Hauses und der Nachbarmauer des Goldschmidts, nichts; obgleich uns Hoffmann nachher sehr Handgreifliches finden läßt. Mlle. Scudéry behält geduldig den reichsten Schmuck Frankreichs von einem toll sich gebärdenden Goldschmidt: und dies, im Zimmer der Mad. Maintenon vorgegangen, bleibt auch in Paris ohne alle Nachrede und Folgen, bei den größten Nachspürungen über Gift und Mord, und bei einem eigenen Tribunal zur Untersuchung dieser Gräuel. Der Pflegesohn der Mlle. meldet sich nie bei ihr, als wenn es *Hoffmann* nöthig hat! – Bei Ludwig XIV. geht man nur so in sein Konseil[7], wie an die Theaterkasse. Der gepanzerte Offizier spielt sein Stückchen allein; und meldet nur seinen gewonnenen Krieg der *Dame*, wenn es Zeit ist: keiner Polizei, keiner chambre ardente. Der Goldschmidt ist der größte *Künstler*, weil er ein Juwelenfresser schon im Mutterleib werden mußte. Wie hideux[8], krankhaft, unnütz, und ohne allen sittlichen Grund und Kampf eigentlich! wie ein Wasserscheuer, dem man das Beißen verzeihen muß. Wie die Mutter zu der fausse couche[9] gekommen, ist wieder ein anderes Plaisier. Tel est le bon plaisir[10] – von Hoffmann. Und vive l'auteur! schreit das deutsche Publikum. Nicht zum Verstehen.«

Rahel. Ein Buch des Andenkens für ihre Freunde. Berlin: Duncker & Humblot 1834. Bd. 3. S. 13–15

Charlotte von Schiller (1766–1826) zeigt eine wesentlich positivere Reaktion, indem sie in einem Brief an Carl Ludwig von Knebel (1744–1834, Goethes ›Urfreund‹, Dichter und Übersetzer) vom 5. Februar 1820 schreibt:

»Der so sehr gepriesene Hoffmann, den ich aber nicht so hoch stelle wie Frau von Goethe[11] und ihre Freundinnen, hat eine Erzählung bearbeitet: ›Der Goldschmied‹, welche Geschichte in der Zeit Ludwig's XIV. vorgegangen und (worin) Madame de Maintenon und Mademoiselle Scudéry eine Rolle spielen. Es ist das Beste, was ich von Hoffmann gelesen; es ist so schön erzählt, so verständig und in einer Folge dargestellt, daß man sich darüber erfreuen muß.«

Briefe von Schiller's Gattin an einen vertrauten Freund. Hrsg. von Heinrich Düntzer. Leipzig: Brockhaus 1856. S. 481

Neben öffentlicher Anerkennung brachte das Werk Hoffmann eine private Ästimierung höchst angenehmer Art. Die

7 Beratungszimmer.
8 abscheulich.
9 Fehlgeburt, hier im Sinne von Mißgeburt.
10 abgeleitet von der Schlußformel königlicher Verordnungen: Car tel est notre bon plaisir, So ist unser gnädigster Wille.
11 Ottilie Freiin von Pogwisch (1796–1872), seit 1817 Gattin von Goethes Sohn August (1789–1830).

Verlagsbuchhändler Friedrich und Heinrich Wilmans aus Frankfurt a. M. übersandten Hoffmann für die Erzählung »Das Fräulein von Scuderi« zusätzlich zum Honorar eine Kiste mit 50 Flaschen Rheinwein, Rüdesheimer Hinterhaus, Jahrgang 1811. Das Begleitschreiben lautet:

Frankfurt a/M d. 11 Febr. 1820.

Wohlgebohrner
Hochgeehrtester Herr!

Wenn man die Verehrung und die Dankbarkeit so gern an den Tag legt, wie wir es gegen Sie Verehrtester wagen – so ist die Hofnung einer gütigen freundlichen Aufnahme schon ein süßer Lohn, möge diese für uns so schmeichelhafte Hofnung doch durch die gütige Aufnahme des Inhalts beifolgender Kiste von Ihnen erfüllt werden. Dieß ist unser herzlichster Wunsch.

Die ohne alle Schmeichelei dürfen wir es sagen, äußerst interessanten Erzählungen und unter diesen vorzüglich Fräulein Scudery, womit Sie die Güte hatten, seit einigen Jahren unser Taschenbuch: der Liebe und Freundschaft zu beschenken, verschafte denselben ein größeres Interesse und vermehrte den Absatz, wofür wir Ihnen noch besonders unsere innigste Dankbarkeit bezeigen, und nur noch den Wunsch hinzufügen, daß Sie auch Ihre fernere Wohlgewogenheit uns erhalten und unser Taschenbuch auch in Zukunft so reich wie bisher beschenken möchten.

Unser geschätzter Freund Herr Dr St. Schütze wagte schon einmal die Bitte: uns mit einem ganzen Werke Ihrer Muse zu beehren. Wir wiederhohlen diesen unsern herzlichsten Wunsch, indem wir Ihnen die Versicherung geben daß wir alles aufbieten werden, Ihre ganze Zufriedenheit bei diesem ersten Versuche zu gewinnen.

Mit innigster Hochachtung haben wir die Ehre zu unterzeichnen

Ew. Wohlgebohren

gehorsamste Diener
Gebr: Wilmans

Briefwechsel II,238

Über diese unerwartete Gabe war der Dichter offensichtlich so erfreut, daß er in seinen Briefen oft darauf anspielt, auch gelegentlich in den »Serapions-Brüdern«. Hier seien lediglich zwei für Hoffmann besonders bezeichnende Reaktionen wiedergegeben, des Dichters Antwort an die Gebrüder Wilmans und eine Passage aus einem Schreiben vom 1. Mai 1820 an den Arzt Dr. Friedrich Speyer in Bamberg, einem Freund Hoffmanns.

An die Gebrüder Wilmans:

Berlin den 10 März 1820

Ew. WohlGebohren haben mich in der That durch die gütige Zusendung der Kiste herrlichen Weins auf eine Weise überrascht, die mich zu dem verbindlichsten, herzlichsten Dank veranlaßt.

Es ist gar nicht anders möglich, als daß der Geist solchen treflichen Hinterhaüsers, Gedanken erzeugen muß die edel, kräftig, sublim sind wie er selbst, und so werde ich es Ihnen zu verdanken haben wenn ich nun gleich etwas recht gutes für Sie schreibe.

Im höchsten Grade angenehm ist es mir, daß es mir gelang etwas zu Ihrem Taschenbuch beizutragen das die Zufriedenheit, den Beifall des Publikums gewann.

Ich trage im Sinn ein artiges Weihnachtsbüchlein zu schreiben[12] und behalte mir vor Ihnen die nähere Tendenz, Inhalt u. s. [w.] zu schreiben, damit Sie gütigst darüber entscheiden können ob Ihnen vielleicht der Verlag genehm seyn würde.

Empfangen Sie nochmals meinen herzlichsten Dank und zugleich die Versicherung der ausgezeichneten Hochachtung mit der ich mich zeichne

Ew. WohlGebohren
ganz ergebenster
Hoffmann

Briefwechsel II,242

An Speyer:

»Auch würde Ihnen Ihr gehorsamer Diener einen kleinen aber exquisiten Weinkeller öffnen können, der sich noch neuerdings auf eine angenehme Weise vermehrt hat. – Aus

12 Möglicherweise ist das Märchen »Meister Floh« gemeint, dessen erstes Abenteuer gleich zwei Weihnachtsfeiern enthält und das 1822 ebenfalls bei Wilmans erschien.

reiner Dankbarkeit dafür, daß das Taschenbuch für Lieb[e] und Fr[eundschaft] der Scudery halber sehr gut gegangen ist, schickten mir die Gebrüder Willmanns aus Frankfurth, nachdem sie die Erzälung *gar reichlich* honorirt, eine Kiste mit 50 Bout[eillen] Hinterhaüser Eilfer der ganz köstlich ist – Nicht einmal erfahren hab' ich, an was für ein Haus der Wein addressirt war. Die Kiste wurde mir an einem guten Morgen vors Haus gefahren und mit vieler Mühe war dem Knecht ein Trinkgeld aufzudringen. – Ich schlug an mein Herz und sprach: Solch einen Glauben hab' ich in Israel nicht funden![13]«

Briefwechsel II,251 f.

Friedrich de la Motte Fouqué (1777–1843), Verfasser der Erzählung »Undine«, deren Opernlibretto Hoffmann noch vor Lortzing vertonte, richtet sich in einem längeren Gedicht vom 22. Mai 1820 in scherzhaftem Ton und ganz in der Diktion fiktiver Gestalten aus beider Dichter Werke an Hoffmann:

Schreibt, Kreisler[14]! Und empfehlt mich Euerm Ehgemal!
Und wisset, daß, wie alle Welt, auch hier die Welt
Euch um die Scudéry ausnehmend preist.

Briefwechsel II,256

Der Literaturteil des »Morgenblatts für gebildete Stände« war nicht die einzige derzeit führende Literaturzeitschrift, die eine Rezension zu Hoffmanns »Fräulein von Scuderi« brachte, es folgten: »Hermes oder kritisches Jahrbuch der Literatur«, die »Jenaische Allgemeine Literatur-Zeitung« und die »Allgemeine Literatur-Zeitung, Halle«. Diese Rezensionen, ebenso wie die der Therese Huber, sind z. T. routinemäßig und nicht sehr ergiebig, dennoch spiegeln sie das große Interesse des Lesepublikums an Hoffmanns Erzählungen.

»Ist nun dieses[15] so eins der ganz im Strome der Zeit verschwimmenden Schriftchen, so wird ein gleiches Loos Hoff-

13 Vgl. Matth. 8,10.
14 Kapellmeister Johannes Kreisler ist eine fiktive Figur aus Hoffmanns »Kreisleriana« 1810 ff. und dem Roman »Lebens-Ansichten des Katers Murr« 1820.
15 ein Epos von Stephan Schütze.

manns Erzählung, das Fräulein von Scudery, nicht betreffen. Sie ist ein Nachtstück[16], über dem sich die fromme und sanfte Scudery wie eine Lichtgestalt hervorhebt. Aus dem bedeutsamen historischen Vorgrunde führt uns der Verf. mit Lebendigkeit und steigendem Interesse durch die seltsamen Windungen der Begebenheit, und der künstlerische Werth der Geschichte wie die Schreibart entkräften den Vorwurf, daß (wie z. B. im Signor Formica, den man schwerlich zum zweytenmale lesen wird) zu sehr auf die Spannung der Neugier hingearbeitet sey. Zu rechten wäre dagegen mit dem Vf., daß er seine teuflische Figur Cardillac rein unmenschlich hingestellt, indem er ihn allemal erst nach begangenen Mordthaten Ruhe und Seelenzufriedenheit als beharrlichen Zustand genießen läßt, ein Zustand, zu dem das Phantasma[17] vom bösen Stern und vom Gespenst nicht hinreicht, dem nur die unmittelbarste Einwirkung des Satans (den wir damit übrigens nicht citirt haben wollen) Statthaftigkeit und Wahrheit geben konnte. Auch wäre vielleicht die Geschichte noch anziehender geworden, wenn der Bösewicht nicht als wunderlich, sondern als bloßer Ausbund menschlicher Lasterhaftigkeit daständе.«

Hermes (1820) St. II. S. 211 f. [Rezensent wahrscheinlich Konrad Schwenck]

»Unter den Erzählungen, welche das diesjährige Taschenbuch darbietet, zeichnet sich die Hoffmann'sche, das Fräulein von Scuderi, aus. Der charakteristische Werth dieser Darstellung scheint uns in der genialen Leichtigkeit zu liegen, mit der der Vf. nicht geringe Unwahrscheinlichkeiten beseitigt, oder vielmehr im Bewußtseyn der Meisterschaft der Erzählungsgabe so darüber hinschreitet, daß der gewöhnliche Leser gar nichts davon merkt.«

Jenaische Allgemeine Literatur-Zeitung (1820) Sp. 43 f. [gez. R. R. = Cramer]

»In den historischen Novellen der einen Art zeigt uns Walter Scott neuerdings ein schönes Muster. Die Engländer nennen die Romanenschreiber überhaupt Novellisten, aber,

16 Begriff aus dem Bereich der Malerei: Nachtgemälde. Unter diesem Titel erschien 1816/17 eine Sammlung Hoffmannscher Erzählungen.
17 Hirngespinst, Trugbild.

bei Übertragung unsers Begriffes auf diesen Namen, möchte Walter Scott selbst besser gethan haben, wenn er einige seiner Romane, statt sie zu bändereichen Romanen zu dehnen, in Novellen zusammengedrängt hätte. Hofmanns ›Fräulein Scudery‹ ist, so wie sie die vollendetste unter des Dichters eigenen Arbeiten ist, auch eine der besten unter den deutschen Novellen, welche getreu und doch mit dem höchsten Interesse das Leben einer Zeit, welche sonst für das deutsche Gemüth wenig Anziehendes hat, schildert.«

Hermes (1821) St. IV. S. 34 [Rezensent Willibald Alexis]

»Der Vf. der Phantasiestücke in Callots Manier[18] eröffnet ihn[19] mit einer Erzählung aus dem Zeitalter Ludwigs des Vierzehnten, überschrieben: Das Fräulein von Scudery. Was im Eingange dieser Erzählung von dem Italiäner Exili, der Marquise de Brinvilliers und ihren Mitschuldigen erzählt wird, ist historische Thatsache und unter andern aus Pitavals auch ins Deutsch übersetzten Sammlung merkwürdiger Rechtsfälle bekannt. Ob aber der Goldschmidt Cardillac, der die Hauptfigur in diesem Gemälde bildet, der Wirklichkeit angehöre, weiß Rec. nicht, und möchte es zur Ehre der Menschheit lieber bezweifeln, wiewohl in diesem Fall der Vf. der Erzählung unmöglich dem Vorwurf entgehen kann, sein Talent durch Erfindung eines scheußlichen moralischen Ungeheuers gemißbraucht zu haben. Das ganze Schauergemälde scheint für solche berechnet, auf deren Empfindungssystem nur noch durch starken Überreiz gewirkt werden kann; die Technische Anlage ist nicht sonderlich, denn es enthält manches Gedehnte und rundet sich schlecht.«

Allgemeine Literatur-Zeitung (1822) Bd. IV. Ergänzungsblatt 57. Sp. 454 f.

»Fräulein Scuderi. Diese Erzählung ist veranlaßt durch eine in Venedig erfolgte Begebenheit, wo ein Schuster dem Schutzpatron seines Handwerks, dem heiligen Rochus, ge-

18 Unter dem Titel »Fantasiestücke in Callot's Manier« hatte E. T. A. Hoffmann anonym im Jahre 1814/15 Erzählungen herausgegeben. Jacques Callot (1592–1635) war ein lothringischer Maler und Kupferstecher grotesken Stils.

19 den Jahrgang 1820 des Taschenbuchs.

lobt hatte, ein Sümmchen zusammenzusparen, und nun, den Ruf eines redlichen Mannes genießend, mordet und stiehlt.[a] Hier ist die Sache vom gewöhnlichen Geiz weggebracht und auf einen andern Grund geführt worden. Die Stehlsucht wird nämlich von einem tiefen, sonderbaren, unüberwindlichen Hang zu Geschmeiden und glänzenden Steinen hergeleitet, welcher als eigne dämonische Sucht dargestellt wird. Cardillac, der beste Goldschmidt in Paris, stößt jedesmal Abends die nieder, für die er Schmuck verfertigt, wenn er weiß, daß sie denselben bei sich haben, bis er endlich von einem, der sich vorgesehen, ermordet wird. Die Erzählung ist spannend, der Knoten gut geschürzt und die Sprache rein. Durch Cardillac's seltsame, dämonische Liebe zu Juwelen sollte die gemeine Habsucht umgangen und etwas Edleres, vorzüglich etwas seltsam Geistiges, als Seele des Ganzen, gewonnen werden. Ob dies aber nicht der Kraft der ganzen Erzählung schadet, mag dahin gestellt seyn; denn jene Lust an Juwelen ist weder auf der einen Seite so gespenstisch, noch auf der andern so einleuchtend, daß sie das Allgemeinere der Habsucht ersetzen dürfte, die hier als das Natürlichste erscheint.«

Hermes (1823) St. III. S. 123 f. [Rezensent Konrad Schwenck]

In einem Artikel des Stuttgarter »Morgenblatts«, gezeichnet mit A. B., vermutlich August Böttiger, der dafür auf eine nicht benutzte Einleitung zu Wilhelm Hauffs Artikel »Über die Taschenbücher auf 1828« zurückgreift, heißt es:
»Diese [die Hauptbeschäftigung der Almanachsliteraten] besteht jezt in einer sonderbaren Erzählungsweise, die sie *Novelle* nennen, und doch wollte ich wetten, von allen jenen, die in dieser Form sich versuchen, sind nur Wenige, die über die innere Natur dieser Erzählungsart und über die Gesetze ihrer Form nachzudenken sich die Mühe nehmen. In unserer Jugend, wo wir so gerne Erzählungen von Huber, Lafontaine und andern lasen, bestand die Hauptaufgabe und der mächtigste Reiz der Erzählung in einer guterfundenen, interessanten Geschichte; die inneren Ver-

[a] Der Rezensent bezieht sich auf eine Anekdote, die Hoffmann ein Mitglied der Serapions-Bruderschaft im Anschluß an die Erzählung vom Fräulein von Scuderi erzählen läßt. [Vgl. Kap. II.]

hältnisse mußten gut geordnet, der Faden gleichmäßig und zart gesponnen seyn, und es kam darauf an, die Verirrungen oder die Höhen des menschlichen Herzens nachzuweisen, weniger wie es sich in Empfindungen und Worten, als wie es sich in überraschenden und anziehenden Verhältnissen zeigt und ausspricht. Jene Art von Erzählungen hatte noch das Angenehme, Bequeme, ich möchte sagen Kindliche des Vortrags an sich. Es wurde in der Erzählung selten gesprochen, desto mehr gedacht und gehandelt; daher konntest du auch mit ein wenig Aufmerksamkeit und Gedächtniß eine solche Erzählung in jeder Gesellschaft in derselben Ordnung wieder vortragen, wie du sie gelesen hattest, denn sie war schon ursprünglich so geordnet und eingerichtet, wie etwa ein Reisender eine Geschichte, die sich da oder dort zugetragen, erzählen würde. Eine der trefflichsten Dichtungen dieser Art ist das Fräulein von Scuderi von Hoffmann, und die Theilnahme, womit man dergleichen Erzählungen noch immer liest, beweist mir, daß der jezt herrschende Geschmack vorübergehend seyn werde.«

Morgenblatt für gebildete Stände. Nr. 292 vom 6. 12. 1827. S. 1166

Eine der wichtigsten Hoffmann-Biographien, unmittelbar nach des Dichters Tod geschrieben, ist die von Julius Eduard Hitzig (urspr. Isaak Elias Itzig, 1780–1849), Freund und Berufskollege Hoffmanns am Berliner Kammergericht, zuletzt tätig als Direktor des Inquisitoriats beim Kammergericht, zeitweise Verlagsbuchhändler, nach Hoffmanns Tod dessen Nachlaßverwalter.

»Noch stand Hoffmann in völliger Kraft der Gesundheit vor ihm [Hitzig]; aber bald darauf befiel ihn die Krankheit, die eine gänzliche Erschöpfung der Lebenskraft, und zuletzt eine Lähmung der Extremitäten herbeiführend, ihn in dem reifsten Mannesalter unerbittlich dahinraffte.
Vor deren Ausbruch hatte er noch sein letztes Werk: ›Meister Floh‹ geschrieben.
Eine Aufforderung der Buchhandlung Gebrüder Wilmans in Frankfurt am Main, die ihm seit dem großen Erfolg, den die Scuderi ihrem Taschenbuch für Liebe und Freundschaft gegeben, unaufhörlich anlag, ein Werk für ihren Verlag zu schreiben, und ihn durch die glänzendsten Anerbietungen in

Hinsicht des Honorars köderte, mag ihm die Veranlassung gegeben haben, dies Märchen aus längst verbrauchten Materialien im Laufe von wenigen Wochen zusammenzuwürfeln [...].«

Hitzig: E. T. A. Hoffmann's Leben und Nachlaß. Bd. 2. 3., vermehrte und verbesserte Auflage. In: E. T. A. Hoffmann's Erzählungen aus seinen letzten Lebensjahren. Hrsg. von Micheline Hoffmann, geb. Rorer. Bd. 4. Stuttgart: Brodhag 1839. S. 121

Ein weiteres wichtiges Dokument, das auf die internationale Wirkung der Hoffmannschen Erzählung hinweist, liefert Georg Wilhelm Heinrich Häring (1798–1871), der unter dem Namen Willibald A l e x i s publizierte. Alexis ist vor allem mit Romanen aus der brandenburgischen Historie hervorgetreten, zugleich auch als Übersetzer von Walter Scott.

»Als Hoffmanns Erzählung: ›Fräulein Scudery‹ erschien, stand der Verfasser auf dem Blüthepunkt des Ruhmes, den er im *Leben* erndtete. Der nach seinem Tode in Frankreich ihm blühen sollte, ist ein davon ganz verschiedener. Es war kein Epoche machen, keine neue Parthei, die in Hoffmann damals auftrat; nur eine neue Saite schien angeschlagen, um die von den bisherigen Tönen der literarischen Unterhaltung Ermüdeten aufs neue zu erquicken. Literarische Erscheinungen konnten damals in Deutschland noch Entzückung erregen. Die ganze noch nicht in Partheien getheilte, oder in Apathie hinsterbende Lesewelt verschlang in schauriger Theilnahme dies wunderbare Nachtstück, das vor allen andern Hoffmannischen den Lesern um so viel näher trat, als die Hoffmannischen Dämonen hier, statt seiner mährchenhaften Fratzenbildungen, eine rein menschliche Gestaltung trugen, wie sie einem jeden begegnen kann.
In diesen Momenten seines Sonnenglanzes habe ich den Dichter gesehen, kennen gelernt wäre zu viel gesagt. Es war nur einmal und flüchtig, aber eine Erscheinung wie Hoffmanns erlöscht nicht so leicht, zumal in der Jugend empfangen.
[Alexis hatte das Sommersemester 1819 als stud. jur. in Breslau verbracht und war – nach einer größeren Reise –

am 24. Oktober 1819 nach Berlin gekommen, um hier seine Studien fortzusetzen. Die Begegnung mit Hoffmann dürfte etwa im Januar 1820 stattgefunden haben, als auch Fouqué in Berlin weilte.]
Es war bei Lamotte Fouqué, dem ich schüchtern meine Erstlingsversuche in Balladen vorgelegt, und eine nicht erwartete Theilnahme bei dem edlen Sänger gefunden hatte. Fouqué gab das Frauentaschenbuch heraus, eine Erscheinung voll Liebe, Glaube, Frauenwürde und Ritterthum, emporgestiegen als Fata Morgana aus dem blutdunstenden Pulverdampf des Befreiungskrieges. Heute könnte uns diese Erscheinung schon fabelhaft dünken. Hoffmanns Auftreten hat dazu mitgewirkt, daß so schnell eine totale Umwandlung des Geschmackes erfolgte; und doch war es Hoffmann selbst, welcher seine erste praktische Wirksamkeit an Fouqués Triumphwagen gekettet[?] entfaltete. Hoffmann wollte mit den Geistern, die er beschwor, nicht die, welche dem Sänger der Undine gehorsamten, bekriegen; aber die Geister sind mächtiger als ihre Beschwörer. Damals, wie gesagt, war Hoffmanns Blüthezeit, und die Phantasieen in Callots Manier hatten die isländischen Recken und fränkischen Frauenbilder aus den Boudoirs verdrängt; er war der Mann der Mode und Fouqué war es gewesen. Aber mit edler Liebenswürdigkeit und Selbstverleugnung erkannte der abgesetzte Favorit das Talent des neuen Favoriten an, und so empfing er ihn herzlich, zuvorkommend, als Hoffmann in die kleine Stube Unter den Linden [im Hause Nr. 13] trat, wo Fouqué sein Absteigequartier hatte. [...]
Hoffmann sah aus, wie ihn Alle kennen, die ihn nicht gesehen haben. Klein, nichts imponierendes in Gestalt und Blick, und auf dem unansehnlichen Körper, der in einen ebenso unansehnlichen braunen Ueberrock gehüllt war, das blasse, ausdrucksvolle, zerrissene Gesicht mit den unruhigen Augen und zerzausten Haaren, wie er vor seinem gesammelten Nachlaß in Kupfer gestochen ist.
[Gemeint ist das Selbstporträt en face, das Hitzig von Ludwig Buchhorn stechen und dem ersten Band seiner Hoffmann-Biographie – ›Aus Hoffmanns Leben und Nachlaß‹ – als Titelbild vorheften ließ.]
Fouqué sprach gern und gut; aber vor Hoffmanns Redegabe mußte seine verstummen. Das erste Wort zündete, und

wie eine Rakete zischte und sprudelte die witzige Unterhaltung, in der Hoffmann erzählend, widerlegend, angreifend und überschlagend kaum einen Andern zu Wort kommen ließ. Er erzählte von Wundern, welche uns heut freilich eben so befremden, daß sie 1819 möglich waren, als Fouqués Tugendhelden und Hoffmanns Teufelsfratzen, nämlich von den grotesken Phantasieen und Träumen der turnerischen Altdeutschen, die aus ihren in Beschlag genommenen Papieren grade da zu Tage gekommen waren. Ob Hoffmann in der Relation seiner eigenen Phantasie freien Spielraum ließ, weiß ich nicht; aber er unterhielt. Wir wurden unterbrochen durch den Eintritt einer hohen, weiblichen Gestalt. Caroline de la Motte Fouqué wollte durch das Zimmer rauschen; aber Hoffmanns Anblick fesselte sie auf einige Momente. Die Gattin des Dichters stand damals auf dem Höhepunkte *ihres* Ruhmes. Sie sah einen Schriftsteller, der ihr denselben streitig machte, wenigstens mit ihr theilen wollte, und so theilen, daß auf ihn der Hauptglanz fiel. Die Bewegung war also diplomatisch. Achtung mußte gezeigt werden, aber dazu eine gewisse vornehme Zurückhaltung, kein Theil durfte sich etwas vergeben. Sie nickte ihn hold an, er verbeugte sich. – ›Sie haben uns da eine interessante Novelle geschenkt, in der That, sehr interessant‹, sagte sie nach den Begrüßungsfloskeln, schon wieder die Thür in der Hand. – Hoffmann verbeugte sich tiefer. – ›Nein wirklich, lieber Kammergerichtsrath, sie ist allerliebst. Ich habe sie mit Vergnügen gelesen.‹ – Hoffmann meinte, die Baroneß sei zu gütig. – ›Aber wo haben Sie *das* her?‹ Es klang ungefähr wie die berühmte Frage des Cardinals [Ippolito d'Este] an den Dichter des rasenden Roland. – ›Das Kästchen und den Vers hat mir die bekannte Chronik geliefert.‹ – ›Aber die Geschichte?‹ ›*Erfunden und erlogen*, gnädige Frau.‹ – ›Das lügen Sie mir nicht vor.‹ – ›Erfunden und erlogen, so wahr ich zur Dichterzunft gehöre!‹ – Hoffmann blieb bei der Betheuerung. – ›So lügen Sie noch recht oft so allerliebst und interessant.‹ Mit einem noch zweifelhaften Blicke, einigen freundlichen Worten, und einem sehr gnädigen Nicken, verließ die berühmte Schriftstellerin den berühmten Schriftsteller. In den wenigen Worten war viel Sinn zwischen ihnen gewechselt. . . .

Ich schlug die Chronik nach; und die Stelle im Wagenseil, aus der Hoffmann seine Novelle [nur zum Teil!] schöpfte, ist nicht allein um deshalb interessant, weil sie uns zeigt, wie ein echter Dichter aus einem unansehnlichen Stein die hellsten Funken zu schlagen weiß, sondern weil sie uns auch lehrt, wozu die Poesie nützt.«

Alexis: Zu was die Poesie nutz ist. In: Berliner Conversationsblatt für Poesie, Literatur und Kritik. 10. Jg. (1836). Zitiert nach Aufzeichnungen, S. 521–524

In Hitzigs Biographie findet sich eine Charakteristik Hoffmanns von Willibald Alexis, in der er wiederum auf die Scuderi-Erzählung lobend zurückkommt:

»Auch außer seinen trefflichen Fantasiebildern hat er uns einige Dichtungen hinterlassen, welche zu den gelungensten in ihrer Art gehören, und uns die sicherste Bürgschaft dafür abgeben, daß wenn er einmal zur Überzeugung gelangt wäre: ›der Weg des Studiums der Natur sey dem der Ausbildung einer ungezügelten Fantasie vorzuziehen,‹ – auch Hoffmann ein wirklich klassischer, vielleicht der erste klassische Romanendichter der Deutschen geworden wäre. Wir berufen uns hier auf die Novellen: ›Fräulein Scuderi‹, ›das Majorat‹ (in den Nachtstücken), ›der Küfer Martin und seine Gesellen‹, welche zur Zeit ihres Erscheinens allgemeines Aufsehen erregten, und ein Zeichen ihres inneren Werthes auch noch jetzt als Meisterstücke im Gedächtnisse derer leben, welche sie gelesen haben. In diesen Erzählungen hat sich Hoffmann selbst überwunden, d. h. eine wilde Kraft bezwungen. Die ausschweifende Fantasie, der ungezügelte Humor sind dienstbar geworden einer höhern Anordnung der Dinge. Wir finden dagegen eine klare Auffassung und Verarbeitung des Gegenstandes, und die Novellen sind in sich so gerundet und abgeschlossen, wie wir die Kraft dazu dem Dichter der Fantasiestücke kaum zutrauten. Die Darstellung ist ein Meisterwerk der reinen unpartheiischen Relation, und man bemerkt mit Freuden, welchen günstigen Einfluß juristische Ansicht und Praxis hierin auf den Dichter ausübten; auch die Sprache ist ein Muster der Gewandtheit und Eleganz. Die Charaktere sind mit wenigen Strichen trefflich angedeutet und individuali-

sirt, auch durch die ganze Erzählung gehalten. Selbst ihr Äußeres ist so eigenthümlich, daß wenn man die Gestalt einmal erblickt hat, sie nicht wieder aus dem Gedächtniß verschwinden kann. Man erkennt und bewundert im Dichter den genauen Beobachter des äußern Menschen und den Maler zugleich. Endlich erinnert auch die Scenerie, der leicht hingeworfene, oder mit Vorliebe ausgemalte Hintergrund, an einen ausgezeichneten Künstler. [...] In der ›Scuderi‹ ist das für wahre Poesie so trüb aussehende Zeitalter Ludwigs XIV. von einer poetischen Seite aufgefaßt, wie es nie bisher geschehen ist. [...]
Doch auch Fantasie und Humor sind nicht entflohen. Aber die Fantasie ist aus der Darstellung in die Empfindung zurückgetreten. Die Kraft ist nicht wild herausgeschossen in die Zweige und Blätter, sondern in Stamm und Wurzel geblieben, aus welchem dann naturgemäß gediegenes Laubwerk hervorsprießen muß. Humor und Ironie endlich wuchern nicht in der Darstellung, in den Reflexionen des Dichters, sondern in der Individualität der Personen selbst. [...]
In den ›Serapionsbrüdern‹ sammelte Hoffmann seine zerstreuten Novellen, und hier erschienen die vollendetsten, welche wir von ihm besitzen. Der verbindende Dialog zeigt den geistreichen Denker.«

Alexis: Zur Beurtheilung Hoffmanns als Dichter. In: E. T. A. Hoffmann's Leben und Nachlaß. Von Julius Eduard Hitzig. Bd. 3. In: E. T. A. Hoffmann's Erzählungen aus seinen letzten Lebensjahren. Hrsg. von Micheline Hoffmann, geb. Rorer. Bd. 5. Stuttgart: Brodhag 1839. S. 68–70 und 76

Der schwäbische Novellist und Romancier Hermann Kurz (1813–73) schrieb im Vorwort zu E. T. A. Hoffmanns »Fräulein von Scuderi« in dem von Paul Heyse und ihm herausgegebenen Reihenwerk »Deutscher Novellenschatz«:

»Seine [Hoffmanns] meisten Producte sind jetzt zu Leihbibliothekenfutter geworden, das aber gröberen Geschmacksorganen immer noch recht unterhaltend entgegenkommen kann, während unsere robustere Zeit ganz ruhige Nerven für diese Erfindungen hat, die seine Mitwelt mi

Sensation erfüllten, die ihm selbst über dem nächtlichen Schreiben oft eine jähe Gespensterfurcht einjagten.
Die beste seiner Erzählungen ist die ›Scudery‹, die keinen Spuk enthält und auch mit den wenigen andern gleicher Art den süßlichen Ton nicht gemein hat. Das Unheimliche liegt hier bloß in der Eigenthümlichkeit eines Individuums, das von seiner Mutter in dunkler Stunde einen dämonischen Zug geerbt hat, durch welchen es zum psychologischen Gespenste wird. Die Entwicklung greift tief in das sogenannte Nachtgebiet der menschlichen Natur und schweift weit in das Gebiet der äußersten Ausnahmefälle hinaus, ohne jedoch als baare Unmöglichkeit zu erscheinen. Dagegen hat die Erzählung einen sehr bedenklichen Punkt. Ein junger Mann von reinem Herzen liebt ein Mädchen und hängt um dieser Liebe willen auch an dem Vater des Mädchens, obgleich dieser ein Verbrecher ist: ein rührend menschlicher Zug, wenn nämlich der Verbrecher gerichtet und von der übrigen Menschheit ausgestoßen wäre; allein das ist keineswegs der Fall, vielmehr schleicht das Ungeheuer, von welchem Niemand Arges ahnt, in strafloser Sicherheit jede Nacht auf Mord aus, und der Jüngling weiß dieß, verharrt aber nichtsdestoweniger geraume Zeit in solcher Umgebung, ohne die voraussichtlichen Opfer ihrem Schicksale zu entreißen. In diesem Punkte wird man es mehr mit der Criminaljustiz als mit der Poesie halten; und der Dichter hilft sich nur unzulänglich durch den Kunstgriff, daß die Criminaljustiz sehr abschreckend geschildert ist.
Ungeachtet dieser Flüchtigkeit jedoch, die so leicht zu verbessern wäre, dürfte sich die Erzählung vermöge ihrer verhältnißmäßigen Frische und Freiheit von Manier in der Reihe der besseren und erhaltungswerthen deutschen Novellen behaupten.«

Deutscher Novellenschatz. Bd. 1. München: Oldenbourg 1871. S. 207 f.

Der Stoff von E. T. A. Hoffmanns Erzählung regte zu dramatischen Bearbeitungen an. Schon am 19. Mai 1824 wurde am Theater an der Wien in Wien ein Stück »Der Diamantenraub zu Paris«, nach Hoffmanns »Fräulein von Scuderi«, bearbeitet von A. Lewald, uraufgeführt. Fast zur gleichen Zeit wurde in Paris (25. 5. 1824) das Stück: »Cardillac, oder das Stadtviertel des Arsenals« in der französischen Originalfassung uraufgeführt, das dann in der deutschen Übersetzung unter genanntem Titel als ›Melodrama in 3 Abtheilungen mit Tanz, nach dem Französischen des Antony und Leopold‹ auf die Bühnen kam, zunächst 1824 in Berlin. Die Übersetzung stammte von W. Stich. Cäsar von Leonhard gab unter dem Titel »Dramatische Versuche« im 1. Band ein Stück: »Das Fräulein von Scuderi. Nach Hoffmanns Erzählung.« Stuttgart 1848, heraus. Von einer Reihe gleichzeitiger und späterer Bühnenbearbeitungen verdienen vor allem die Versionen von Otto Ludwig: »Das Fräulein von Scuderi. Schauspiel in fünf Aufzügen nach E. T. A. Hoffmanns Erzählung« (Gesammelte Werke. Mit einer Einleitung von Gustav Freytag. Berlin 1870) und die von Ferdinand Lion: »Cardillac«, Oper in drei Akten, Musik von Paul Hindemith (Op. 39), 1926, der Erwähnung. Auch Hörspielbearbeitung und Verfilmung hat Hoffmanns Erzählung gefunden.

Otto Ludwigs (1813–65) Schauspiel lag Ende 1848 vollendet vor. Ludwig sandte es am 6. Januar 1849 an Karl Gutzkow zur Aufführung am Dresdner Hoftheater. Gutzkow hat das Manuskript mit vielen Verbesserungsvorschlägen versehen. Gespielt wurde Ludwigs Schauspiel erst 1891 in der Bearbeitung von Ernst von Wildenbruch (Wien u. Berlin) und in der Bearbeitung von Wilh. Buchholz (1891 in München). Der 10. und 11. Auftritt des 4. Aufzugs haben folgenden Wortlaut:

Zehnter Auftritt
*Olivier. Fräulein.*

Fräulein. Unglücklicher,
Nun sprecht; wir sind allein.
Olivier. Verehrtes Fräulein,
Erschreckt nicht vor mir. Mit dem rechten Namen
Nanntet Ihr mich. Und bin ich schuldig, bin ich
Weit unglücklicher als ich schuldig bin. –
Ach, kennt Ihr mich denn gar nicht mehr? Ist Euch
Mein Antlitz stumm? Spricht nicht mein Auge mehr
Die Sprache, die Euch widertönt im Herzen?
Ihr meintet selbst, wie ich so klein noch war –
Fräulein. So trog's nicht. Ihr seid Anne Guiots Sohn.

Sie war's, die mich aus diesen Augen ansah.
Und lebt sie noch, die gute Anne?

Olivier. Nein.
Ein gütig Schicksal schloß ihr Aug', daß sie
Nicht seh'n muß, was aus ihrem Kind geworden.

Fräulein.
Die Anne tot? Und Euch, mein Kind und Annens Kind,
Muß ich so elend wiederseh'n?

Olivier. Wie gern
Erzählt' ich Euch von meiner Mutter. Wie sie
Undankbar schien, zudringlich nicht zu scheinen.
Wie ich – doch meine Worte sind gezählt
Und reden muß ich Euch von andern Dingen.
Die Welt hält mich für meines Meisters Mörder
Und für ein Glied von jener Räuberbande,
Will mich zur Auskunft zwingen über sie.
Ich weiß, mein Fräulein, ich allein, wer jene
Verruchten Taten alle hat begangen,
Mein Leben könnt' ich retten, nennt' ich ihn.
Doch will ich sterben, und nur Ihr, nur Ihr
Sollt wissen, was mit mir begraben wird.
Ihr sollt mich nicht verkennen. Weiß ich nur,
Daß Ihr verschweigen wollt, was ich Euch sage.

Fräulein. Das will ich, meiner Anne armes Kind.
Könnt' ich mehr tun für dich als das!

Olivier. So hört.
Es sind die Worte eines Sterbenden,
Die Ihr vernehmen werdet. Sterben will ich.
Was ich Euch sage, – mich zu retten, sag'
Ich's nicht. Weshalb sollt' ich Euch drum belügen?
Doch Eilen gilt's. Degrais zählt die Minuten.
Darum verschweig' ich's, wie zu Cardillac
Ich als Geselle kam. Genug; da war ich
Und Madelon, des Meisters Tochter war
Mir hold; wir liebten uns. Deshalb stieß mich
Der Meister eines Tages aus dem Haus;
Denn nicht für mich hab' er sein Kind erzogen.
Nun denkt Euch, was die Zeit mir nicht zu sagen
Erlaubt, denkt meinen Schmerz. Euch wird's nicht wundern,
Wenn ich die Nacht hindurch verzweiflungsvoll

Das Haus umirrte, das mein Liebstes barg.
Mein Schicksal wollt' es so. In dieser Nacht
Sollte der Zufall mir enthüllen, was
Selbst Degrais' Scharfsinn unenthüllbar blieb.
Da stand ich an der Wand, die fensterlos
Vom Hause Cardillacs nach einem engen
Und dunkeln Gäßchen weist. Da hör' ich's knarren
Sechs Schritt von mir, und – denkt Euch mein
Ein Heiligenbild, die einzige Verzierung [Erstaunen –
An dieser Wand bewegt sich, dreht sich leis
Wie eine Tür nach innen und heraus
Kommt Cardillac geschlichen. Tiefer Schatten
Verbirgt vor seinen Lauerblicken mich.
Nun eilt er flüchtig und auf leisen Sohlen
Hart an den Häusern hin. Ich – eil' ihm nach
Ohn' einen andern Grund, als dunkle Ahnung,
Ich könnte, eilt' ich nur, etwas Entsetzliches
Verhindern. Gott! Die Ahnung trog nicht, insofern
Sie das Entsetzliche vorausempfand.
Doch zum Verhindern kam ich schon zu spät.
Ich sah nur noch den Tigersprung, sah lautlos
Das Opfer fallen, ihm den Schmuck entreißen,
Und schon verbarg der Schatten jenen wieder.
Ich warf mich auf das Opfer, ihm zu helfen
Und es zu retten, wenn noch Rettung möglich.
Es war ein junger, schöner Kavalier;
Doch furchtbar sicher war der Stoß gewesen.
Nun rannt' ich durch die Straßen; das Entsetzen
Hinter mir her. Erst spät zwang Müdigkeit
Mich, in der Herberg' mir ein Bett zu suchen.
Ich schlief noch nicht, als mit der Sonne früh
Ein Mann zu mir herein ins Zimmer trat.
Gott! wie erschrak ich. Es war Cardillac,
Und mit gutmüt'gem Poltern, wie's ihm zu
Gebot stand, und als wäre nichts geschehn,
Hieß er mich aufstehn und nach Haus ihm folgen,
Wo Madelon, die einmal ohne mich
Nicht leben könne, mich als Braut erwarte.
Dann sagt' er mir, er sei ein großer Sünder,
Durch mich jedoch gedenk' er sich zu bessern.
Ich ging mit ihm. Da gab er später mir

Einen Schmuck; es war derselbe, den ich Euch
Auf sein Geheiß gebracht –
F r ä u l e i n. Nun wird mir klar –
Erzählt nur weiter.
O l i v i e r. Als er Euern Namen
Aussprach, da war mir schon, als wär' geholfen.
Ich dachte mir: dem Fräulein sagst du Alles,
Was dich bedrängt, und sie wird Hülfe wissen,
Wird wissen, wie der Cardillac unschädlich
Zu machen ist, ohne daß Madelon
Die Schande des verruchten Vaters teilt
Und je erfährt, was sie – ach, teures Fräulein,
Sie sieht in ihrem Vater einen Heiligen,
Und Wahnsinn oder Tod brächt' ihr das Wissen.
F r ä u l e i n. Ja; leidenschaftlich, wie sie ist –
O l i v i e r *(freudig überrascht).* Ihr kennt sie?
F r ä u l e i n. Ich sah sie neulich.
O l i v i e r. O so wißt Ihr selber,
Daß sie ein Engel ist, o so begreift Ihr,
Warum ich lieber sterben will, als sie –
Seht, teures Fräulein; sollen die Gerichte
Ihres Vaters Leichnam aus dem Grabe reißen
Und die vermoderten Gebeine noch
Brandmarken? – Madelon wird mich beweinen
Als den unschuldig Hingerichteten.
Die Zeit wird diesen Schmerz sie tragen lehren.
Doch tödlich, nimmer heilbar tödlich müßte
Verzweiflung über sie die Wahrheit bringen.
Drum will ich sterben.
F r ä u l e i n *(ihre Rührung bemeisternd).*
Und du trafst mich nicht.
Du suchtest mich noch einmal auf; auch da
Gelang dir's nicht. An meines Wagens Schlag –
O l i v i e r. Ich war's; ich war der Elende, der Euch
So oft erschreckte, ohne daß es ihm
Gelingen sollte, Euch sein Herz zu öffnen.
Mein böses Schicksal wollt' es so; denn anders
Ständ's nun um mich, gelang mir's, Euch zu sprechen.
F r ä u l e i n *(wie vorhin).*
Und Cardillac? – Er war –
O l i v i e r. Er war's allein.

Nicht eine Bande war's von Mördern. Ihn
Trieb angeborner Wahnsinn zu dem Ärgsten.
Ihn quälten wilde Träume, hetzten ihn,
Bis er den Schmuck, den er gefaßt, dem Eigner
Gewaltsam heimlich wieder abgenommen.
Eines Tags erzählt' er's mir. Er öffnete
Einen geheimen Schrein mir in der Wand.
Drin hängen all die Schmücke, die er gewaltsam
Durch Mord gewonnen, und bei jedem steht
Auf einem Zettel Jahr und Tag und Namen,
Wem er und wann das Leben hat gekostet.

Fräulein. Entsetzlich! Ja, so trog sein Ansehn nicht,
Trog nicht der Schauder, der mich damals faßte,
Als – doch erzähle weiter.

Olivier. Heilig hatt'
Ich mir versprochen, zwar um Madelon
Den Schleier nicht zu lüften, der des Vaters
Untaten barg; doch – sei es mit Gefahr
Des eig'nen Lebens – neue Greuel zu
Verhindern; sonst war ich sein Mordgenosse.
Da zeigte sein Gespenst ihm Euern Schmuck.
Was hab' ich da gelitten! Ganze Nächte
Lag ich versteckt bei der geheimen Tür.
Ich warnt' Euch; meine Warnung war vergebens.
Er ging. Ich eilt' ihm nach. Doch diesmal galt es
Dem Grafen Miossens. Zum erstenmal
Gelang der Stoß ihm nicht. Ihn selber traf
Das Schicksal, das den Grafen treffen sollte.
Ich trug ihn eilend heim auf meinen Schultern,
Den Sterbenden durch die geheime Tür.
Hier legt' er röchelnd uns're Hände noch
Ineinander, dann – Ihr wißt, wie man mich bei
Dem Toten fand und für den Mörder nahm.
Alles sprach gegen mich und was für mich sprach,
Das Dasein der geheimen Tür, des Schrankes
Mußt' ich verschweigen wegen Madelons. –
Noch Eins drückt mich. Der Sterbende hat mich,
Da er schon sprachlos war, mit Blick und Zeichen
Beschworen, den geraubten Schatz der Kirche
Zu übergeben. Ach, vielleicht wird Euch
Es möglich, sein Begehren zu erfüllen. –

*(Pause. Das ganze Gefühl seiner Lage kommt über ihn; er sinkt weinend mit vor das Gesicht geschlagenen Händen in die Kniee. Die Scuderi weint auch. Er faßt sich und erhebt sich.)*
Ich weiß, was mich erwartet. – Ihr, Ihr seid
Gewiß von meiner Unschuld überzeugt.
Nichts hab' ich sonst getan, als daß ich schwieg.
Doch keine Marter soll mir das entpressen.
Und nun, ach! hört die Bitten Anne Guiots;
Sie ist's, die Euch in meinem Jammer fleht.
Und nun, ach! hört mich, hört die Bitten Eines,
Der sterben muß so jung und ohne Schuld:
Erbarmet Euch der armen Madelon,
Und dankbar will ich Euch noch sterbend segnen.

Fräulein *(umarmt ihn, kann kaum sprechen).*
Mein armes Kind!

Olivier. O wie Ihr mich beseligt,
Wie Ihr das Sterben mir erleichtert!

Fräulein. Gott!
Das Sterben! Ist kein Weg denn mehr, dich zu
Erretten. Ach! wenn ich verspreche, Alles
Zu tun, um dich zu retten, was ich kann –
Wie ist das ein geringer Trost! Was kann ich,
Die arme Greisin, ich, das schwache Weib,
Als weinen, beten und vor Jammer sterben.
*(Sie besinnt sich.)*
Eins kann ich doch. Kann eine Freude dir
Bereiten. Höre; du sollst Jemand sehn.
Rätst du den Jemand?
*(Ruft durch die entriegelte Tür.)*
Madelon!

Olivier. O Gott!
Sie ist's? Sie hier? Sie soll ich sehn?

Elfter Auftritt

*Madelon. Vorige.*

Madelon *(stürzt in seine Arme).* Olivier!

Olivier. Du bist's? Mein Einzig's?

Madelon. Bist du's denn? Ich kann dich
Vor Tränen noch nicht seh'n.

Olivier. Ich hab' dich wieder!
*(Weinend und lachend.)*
Ha ha, ich hab' dich wieder, meine Seele.
Madelon. Ach du bist bleich, Olivier; mein armer
Olivier!
Olivier. Ich bin nicht arm jetzt. Nein.
Ha ha, ich will den sehn, der reicher ist!
Fräulein *(eben so glücklich wie die Jungen).*
Sein Ich hält der Verdorbne krampfhaft fest;
Er hat Nichts weiter auf der Welt. So selig
Vergessen kann sich nur das reine Herz. –
Den kalten Degrais hör' ich schon. Ihr müßt
Euch trennen, Kinder. Madelon. Sie ist
Ohnmächtig. Hilf, Olivier; wir tragen
Sie da hinaus. Ach, arme, arme Kinder!
*(Es geschieht; sie schließen die Tür.)*
Martinièr', sorg' für das arme Kind.

Ludwig: Sämtliche Werke. Hrsg. von Paul Merker. München: Müller 1922. Bd. 5. S. 230 bis 238

Rosa Schapire schreibt in ihrem Aufsatz »Otto Ludwigs ›Das Fräulein von Scuderi‹«:

»Die Spannung des Lesers ist bei Hoffmann viel größer, als bei Ludwig. Das seltsame Dunkel löst sich in der Novelle erst im letzten Augenblicke durch Oliviers Beichte. Bei Otto Ludwig dagegen sind wir schon im 2. Akte über René Cardillacs Charakter im klaren, und so könnte es fast erscheinen, als wenn *Hoffmann* als *Dramatiker*, *Ludwig* als *Epiker* verfahren wäre. Und doch hat Ludwig mit feinem Scharfblick erkannt, daß das Tragische und Ergreifende: die Vorgänge in René Cardillacs Seelenleben von Hoffmann nicht ausgeschöpft wurde. Was bei Hoffmann *Handlung* ist, setzt er in *Schilderung* um, während Vorgänge lebendig an uns vorüberziehen, bei denen sich Hoffmann auf Schilderung durch Dritte beschränkt.«

Zeitschrift für den deutschen Unterricht. 19. Jg. (1905) S. 653

Als Beispiel dafür, daß der Stoff der Erzählung bis in die Gegenwart dramatische Bearbeitungen erfahren hat, möge

erwähnt sein, daß der Bayerische Rundfunk II am 4. und 11. Februar 1971 ein Kriminalhörspiel »Das Fräulein von Scuderi« nach der Erzählung von E. T. A. Hoffmann gesendet hat; für den Funk bearbeitet von Edmund Steinberger (in zwei Teilen).
Eine späte lyrische Spiegelung scheint Hoffmanns Cardillac-Gestalt in Rainer Maria Rilkes (1875–1926) Gedicht »Der Goldschmied« (begonnen 1907, vollendet 1925) erfahren zu haben. Josef Kunz (»Die deutsche Novelle zwischen Klassik und Romantik«, Berlin 1966, S. 120) weist auf diesen Zusammenhang hin. Vor allem die Schlußzeilen des Gedichtes scheinen Kunz recht zu geben.

Der Goldschmied

Warte! Langsam! droh ich jedem Ringe
und vertröste jedes Kettenglied:
später, draußen, kommt das, was geschieht.
Dinge, sag ich, Dinge, Dinge, Dinge!
wenn ich schmiede; vor dem Schmied
hat noch keines irgendwas zu sein
oder ein Geschick auf sich zu laden.
Hier sind alle gleich, von Gottes Gnaden:
ich, das Gold, das Feuer und der Stein.

Ruhig, ruhig, ruf nicht so, Rubin!
Diese Perle leidet, und es fluten
Wassertiefen im Aquamarin.
Dieser Umgang mit euch Ausgeruhten
ist ein Schrecken: alle wacht ihr auf!
Wollt ihr Bläue blitzen? Wollt ihr bluten?
Ungeheuer funkelt mir der Hauf.

Und das Gold, es scheint mit mir verständigt;
in der Flamme hab ich es gebändigt,
aber reizen muß ichs um den Stein.
Und auf einmal, um den Stein zu fassen,
schlägt das Raubding mit metallnem Hassen
seine Krallen in mich selber ein.

Rilke: Ausgewählte Werke. Bd. 1 Gedichte.
Wiesbaden: Insel Verlag 1951. S. 391 f.

Das weitgespannte Thema der Rezeption sowie der Wirkung der Werke Hoffmanns auf Weltliteratur, Musik und bildende Kunst, zu der Offenbachs Opéra fantastique »Hoffmanns Erzählungen« (1881) beigetragen hat, soll hier in einem Verzeichnis der Erstübersetzungen der Erzählung »Das Fräulein von Scuderi« anklingen:

Russisch: Dewica Skuderi. (Übers.:) K. G. Petrograd 1822. Auch in: Biblioteka dlja čtenija T. 3, 1822.
Polnisch: Panna Scuderi, powieść historyczna z czasów Ludwika XIV., z niemieckiego ... przez autora pisemka: Dzień ostatni życia Księcia Poniatowskiego (L. Tykla). Warszawa: Glücksberga 1822.
Französisch: Olivier Brusson. Paris: Urb. Canel. 1823. (Freie Bearbeitung des ›Fräulein von Scuderi‹. Der ungenannte Verfasser, Henri de Latouche, benutzte eine ihm in der Handschrift zugesandte frz. Übertragung eines anderen. Die erste authentische frz. Übersetzung der Erzählung befindet sich in der Übersetzung der Gesamtwerke: Œuvres complètes de E. T. A. Hoffmann. Traduites par Théodor Toussenel, 12 Bde. Paris 1830.)
Englisch: Madame de Scuderi. (Übers. u. Hrsg.:) Richard Holcraft. In: Tales from the German. London: Longman 1826.
Schwedisch: Fröken von Scuderi. (Übers. anonym.) In: Athenaeum, Jg. 2 (1826) Nr. 1. 2.
Japanisch: (Übers.:) Ôgai Mori. In: Yomiuri-Shinbun (Yomiuri-Zeitung) 1889.
Spanisch: (Übers.:) J. de C. Madrid: Avrial 1898. (Die erste Übersetzung ins Spanische erschien u. d. T. »Oliverio Brusson« in einem Sammelband: Cuentos fantásticos. Trad. de Enrique L. de Verneuil. Barcelona: Arte y Letras 1887.)
Tschechisch: Slečna de Scuderi. Pov. z doby Ludvíka XIV. Přel. Karel Mašek. Prag: Otto 1909.
Dänisch: Mester Cardillac. København: Matthiesen 1912.
Finnisch: Outo intohimo. Kertomus Ludvig XIV:n ajalta. Suomentanut J. E. Eteläpää. Helsinki 1914.
Norwegisch: Dama fraa Skuderi. Forteljing fra Paris under Ludvig XIV. Paa norsk ved Severin Eskeland. Oslo: Norli 1916.

Ungarisch: Scuderi kisasszony. Budapest 1918. (Világregények. Szerk.: Nagy Imre. 14.)
Holländisch: De onzichtbaren. Vert. en ingel. door Johan van der Woude. Amsterdam: Veen 1942.

# IV. Das serapiontische Prinzip

»Das Fräulein von Scuderi« war 1819 im »Taschenbuch für das Jahr 1820. Der Liebe und Freundschaft gewidmet« erstmalig erschienen. Anfang 1818 hatte der Buchhändler Georg Reimer dem Dichter vorgeschlagen, seine in Taschenbüchern und Journalen verstreuten Erzählungen zu sammeln. Hoffmann griff diesen Plan erfreut auf und legte Reimer am 17. Februar 1818 mit seiner zustimmenden Antwort Planung und Inhalt des Werkes vor. Die beiden ersten Bände erschienen rasch hintereinander um Ostern 1819, der dritte Band kam im Oktober 1820, der vierte und letzte Band um Ostern 1821 heraus. »Das Fräulein von Scuderi« hat Hoffmann in den dritten Band aufgenommen. Der Gesamtsammlung gab er den Namen »Die Serapions-Brüder«. Zum Vorbild der Anordnung seiner Erzählungen nahm Hoffmann die Sammlung von Märchen, Erzählungen, Schauspielen und Novellen »Phantasus« von Ludwig Tieck, die 1811 entstanden und 1812 bis 1816 in Berlin herausgekommen war. Die Erzählungen Tiecks sind in Gespräche befreundeter Personen, im Stile des »Dekameron« von Boccaccio, eingelagert. Im Blick auf die Form dieser Sammlung sagt Hoffmann im Vorwort der »Serapions-Brüder«:
»Eben diese Form wird – muß an Ludwig Tiecks Phantasus erinnern. Wie sehr würde der Herausgeber aber bei dem Vergleich beider Werke verlieren! – Abgesehen davon, daß es ihm wohl nicht beikommen kann, den die ganze Seele ergreifenden Dichtungen des vollendeten Meisters die seinigen an die Seite stellen zu wollen, so enthalten die dort eingeflochtenen Gespräche auch die tiefsten scharfsinnigsten Bemerkungen über Kunst und Literatur; hier soll die Unterhaltung der Freunde, welche die verschiedenen Dichtungen miteinander verknüpft aber mit das treue Bild des Zusammenseins der Gleichgesinnten aufstellen, die sich die Schöpfungen ihres Geistes mitteilen und ihr Urteil darüber aussprechen. Nur die Bedingnisse eines solchen heitern unbefangenen Gesprächs, in dem recht eigentlich ein Wort das andere gibt, können hier zum Maßstabe dienen.«

Die Serapions-Brüder, S. 7

Die Figuren der Rahmenhandlung sind Ottmar, Theodor, Sylvester, Vinzenz, Cyprian und Lothar. Die Biographen Hoffmanns haben gemeint, in jenen Figuren Personen aus Hoffmanns Freundeskreis identifizieren zu können: Hitzig (Julius Eduard, 1780–1849, Verlagsbuchhändler, Kriminaldirektor, Freund und Biograph Hoffmanns), Hoffmann, Contessa (Karl Wilhelm Salice-Contessa, 1777–1825, Schriftsteller), Koreff (Johann Ferdinand, 1783–1851, Arzt, Schriftsteller, Oberregierungsrat), Chamisso (Adelbert von, 1781–1838, Naturforscher und Schriftsteller), Fouqué (Friedrich de la Motte Fouqué, 1777–1843, Schriftsteller).
Das Werk beginnt mit Gesprächen zwischen Theodor, Ottmar, Cyprian und Lothar. Cyprian erzählt die Geschichte eines Wahnsinnigen, der sich für den Märtyrer Serapion hält, einen Einsiedler, der unter Kaiser Decius hingerichtet wurde. Die Gespräche gelten dem Wesen des Wahnsinns, des Seltsamen und Unwahrscheinlichen bzw. dem Wirklichen. »Nur das wirklich Geschaute darf vom Dichter ausgesagt und gestaltet werden. ›Wirklich‹ ist aber auch das geistig Geschaute, so daß selbst die seltsamsten Geschichten dieser Sammlung dem serapiontischen Prinzip zu entsprechen vermögen. [...] Zwischen den Geschichten wird über das Gehörte oder Gelesene diskutiert, meist im Hinblick auf die Einhaltung des serapiontischen Prinzips. Die Gesprächspartien der Freunde sind hier aber mindestens so wichtig wie die berühmten Einzelerzählungen, die im Grunde nur im Zusammenhang mit dem erzählerischen Grundprinzip der Einleitung zu würdigen sind« (Nach dem Artikel von Helmut Prang: Die Serapionsbrüder. In: Lexikon der Weltliteratur. Bd. 2. Hrsg. von Gero von Wilpert. Stuttgart: Kröner 1968. S. 951).
Auch Marianne Thalmann interpretiert die Erzählung aus dem ›serapiontischen Prinzip‹, wie es aus den Gesprächen der Rahmenhandlung sich ergibt. Hoffmann selber legt diesen Interpretationsansatz nahe, da er von der Wirkung der Geschichte auf die Serapions-Brüder folgendes mitteilt: »Sylvesters Erzählung erhielt den vollen Beifall der Freunde. Man nannte sie deshalb wahrhaft serapiontisch, weil sie auf geschichtlichen Grund gebaut, doch hinaufsteige ins Fantastische« (Die Serapions-Brüder, S. 709).

»›Fräulein von Scuderi‹ ist eine der Geschichten aus den ›Serapionsbrüdern‹, die von der Kritik fast uneingeschränktes Lob eintrug. Sie ist flott geschrieben, wächst aus den eleganten Kreisen von Paris, benützt geschickt die tragkräftigen Namen, die jeder aus dem Schulbuch kennt, bringt Mord und Polizeiaktion, sentimentale Liebe und Künstlergeheimnisse. Die Geschichte kann aber nicht nur als Einzelstück erfaßt werden, sondern muß ganz zuerst als Teil einer Sammlung betrachtet werden, deren ordnendes und wertendes Prinzip aus dem Lebensgesetz Serapions erfließt.«

Thalmann: E. T. A. Hoffmanns ›Fräulein von Scuderi‹. In: Monatshefte für deutschen Unterricht, deutsche Sprache und Literatur 41 (1949) Nr. 2, S. 107

Zum serapiontischen Prinzip Hoffmanns ist sehr viel geschrieben worden. Hier mögen einige Ausschnitte auf diese Diskussion hinweisen. Ausführliche Rezensionen und Diskussionen lagen schon bald nach dem Erscheinen der Sammlung vor.
Als ein Beispiel zeitgenössischer Rezensionen diene eine Passage aus Konrad Schwencks Besprechung:

»Denn wenigstens vielen dieser Erzeugnisse sieht man, so widerhaarigt sie auch anzusehen sind, doch an, daß sie nicht, wie mit einem Zauberschlag, der innern Anschauung entsprangen, sondern daß die Idee vorherrschend ist, und daß sie gemacht sind auf dem Wege des Nachdenkens, wie sich denn überall viel Betrachtung und Erklärung hervordrängt. Der Verfasser selbst dringt zwar sehr auf die bekannte, echt poetische Darstellungsart, die nur das wahrhaft im Geist Angeschaute und Empfangene giebt; allein Wollen und Vollbringen sind, wie es scheint, nicht immer verbunden, denn sonst würden wir, statt vieler Experimente und Farben, mehr lebendige Gestalten mit wirklichen Physiognomien haben. Dieses Bestreben der Darstellung legte die in vier Bänden erschienene Sammlung von Mährchen und Erzählungen, ›die Serapionsbrüder‹ betitelt, vorzüglich als unerläßlich an den Tag, und in der Geschichte des Verrückten, der sich für den Märtyrer Serapion hält und in diesem Sinne Visionen hat, die an und für sich ganz klar und rein in seinem Geist angeschaut sind, ist sie auf recht

sinnreiche Art motivirt, und dadurch zugleich eine neue Einkleidung für eine Erzählungsgesellschaft gefunden. Das Bestreben derselben ist, daß jeder bei der Versammlung des schönen Bundes sich so geistreich, lebendig, gemüthlich, anregbar und witzig zeige, als es in seinen Kräften steht, und dem heiligen Serapion (nämlich dem eingebildeten, der des Bundes Schutzpatron ist) nachfolge, der selbst Geschichtliches so aus seinem Innern heraus erzählte, wie er Alles selbst mit eignen Augen lebendig erschaut, und nicht, wie er es gelesen. Als das Gegentheil davon erscheint, was gedacht, reiflich überlegt, erwogen, aber nicht wirklich geschaut ist, wo der Verstand nicht die Phantasie beherrscht, sondern sich an ihre Stelle drängt.
Dies ist freilich die richtige Ansicht für poetische Erzeugnisse und immer, seitdem Poesie besteht, anerkannt gewesen; denn nichts anders will es sagen, wenn schon die Alten von Begeisterung und einem Eingeben der Muse reden. Überhaupt sind die Ansichten über die Kunst, die in Hoffmann's Schriften oft wiederkehren, meist sehr richtig und wiederholen mit Lebhaftigkeit die vorzüglichen ästhetischen Ansichten und Wahrheiten, die wiederholt ausgesprochen worden. Solche gute Ansichten zu haben, ist vorzüglich bei einem Schriftsteller ersprießlich, der weniger ein Talent an den Tag legt, Gestalten und Charaktere, die wahrhaft diesen Namen verdienen, aufzufassen und wiederzugeben, als Umstände zusammenzureihen und diese oder jene Idee dadurch zu bewähren, wie es bei diesem Verfasser oft der Fall ist. Erfreulich und von guter Vorbedeutung für das Geleistete muß es seyn, wenn man den Grundsatz anerkannt sieht, es gebe keinen höhern Zweck der Kunst, als in dem Menschen diejenige Lust zu entzünden, welche sein ganzes Wesen von aller irdischen Qual, von allem niederbeugenden Druck des Alltagslebens, wie von unsaubern Schlacken befreit und ihn so erhebt, daß er, sein Haupt stolz und froh emporrichtend, das Göttliche schaut, ja mit ihm in Berührung kommt.«

Schwenck: Über E. T. A. Hoffmann's Schriften. In: Hermes (1823) St. III. S. 84 f.

Hermann August Korff befaßt sich in seinem Werk »Geist der Goethezeit« ausführlich mit diesem Prinzip:

»Hier ist das Primäre die absolute, ihre eigene Wirklichkeit schaffende Phantasie. Und serapiontisch heißt dieses Prinzip nach einem Wahnsinnigen, der die fixe Idee hat, der Märtyrer Serapion zu sein, sich mitten in Deutschland in der Thebaischen Wüste zu befinden und so weiter. Denn der Wahnsinnige solcher Art ist nur die äußerste Form jener Fähigkeit des Menschen, unbeirrt von aller Wirklichkeit in seiner eigenen Phantasiewelt zu leben. Er ist die krankhafte Übersteigerung des Dichtertums. Und welche fundamentale Bedeutung das Dichtertum in jedem Menschen hat, das war die tiefsinnige Erkenntnis der Transzendentalphilosophie. Die Welt ist unsere Vorstellung, zwar im wesentlichen nicht unsere willkürliche private Vorstellung, sondern eine allgemein gültige und notwendige, aber ein Produkt unseres Geistes, dessen freieste und schöpferischste Form wir Phantasie nennen. Und wenn wir phantasieren, so dichten wir. Dichten und phantasieren ist im Prinzip dasselbe. Und auch die besondere Form unserer Phantasien, die wir im Schlafe ausüben, das Träumen, ist mit dem Dichten so nahe verwandt, daß Novalis die romantische Dichtung nicht besser glaubte bezeichnen zu können als mit den Worten: ›Die Welt wird Traum, der Traum wird Welt.‹

Aber was nun erst das Entscheidende ist und woraus Hoffmann erst sein serapiontisches Prinzip entwickelt: je stärker die Phantasie ist, um so mehr hat das, was sie erschafft, den Charakter der Wirklichkeit. Und gerade dafür soll der Unglückliche, der die fixe Idee hat, der Märtyrer Serapion zu sein, als Sinnbild gelten. Für den Wahnsinnigen hat die selbstgeschaffene Phantasie *Wirklichkeitscharakter*. Das ist zwar von der Normalpsychologie aus gesehen ein krankhafter Zustand, der sich trotzdem, wie Hoffmann in der Geschichte von Serapion zeigt, nicht widerlegen läßt – aber der Dichter unterscheidet sich von solchen Wahnsinnigen nur dadurch, daß, obgleich seine Phantasien denselben Wirklichkeitsgrad haben und er ebenso wie der Wahnsinnige alles, was seine Phantasie ihm vorzaubert, so klar und deutlich vor sich sieht, als ob er es mit leiblichem Auge sähe, er doch darum *weiß*, daß es ›nur Phantasien‹ sind, und seine Phantasien mit seinem ›wirklichen‹ Leben nicht vermischt. Er weiß, wie es bei Hoffmann heißt, um die

Duplizität unseres irdischen Seins, die Doppelheit von Phantasie und Wirklichkeit.

Jedoch was seine Phantasiewelt angeht, so hat sie nicht nur, sondern *soll* auch haben denselben Wirklichkeitscharakter wie die Welt des Wahnsinnigen. Und eben das ist das erste Zeichen des großen Dichters. Deshalb wird jener ›Serapion‹ von Hoffmann auch als großer Dichter geschildert, der trotz seinem Wahnsinn die Fähigkeit bekundet, Novellen zu erzählen, ›wie sie nur der geistreichste, mit der feurigsten Phantasie begabte Dichter durchführen kann‹, und ›Gestalten von einer plastischen Rundung mit einem glühenden Leben hervorzubringen, daß man fortgerissen, bestrickt von magischer Gewalt wie im Traume daran glauben muß‹. Und die Freunde, in deren Kreis seine Geschichte erzählt wird, finden sich in der Überzeugung zusammen, daß die Kraft der Phantasie, die in Serapions Geist nur nicht durch den Verstand gebändigt ist, ihrem Wesen nach die Kraft des wahren Dichters sei. Eben diese Kraft, in der Phantasie *Wirklichkeit* hervorzubringen, ist die Voraussetzung jedes großen Dichtertums. ›Vergebens ist das Mühen des Dichters, uns dahin zu bringen, daß wir daran glauben sollen, wenn er selbst nicht glaubt, nicht glauben kann, weil er es nicht erschaute. Was können die Gestalten eines solchen Dichters, der jenen alten Worten zufolge nicht auch wahrhafter Seher ist, anderes sein als trügerische Puppen, mühsam zusammengeleimt aus fremdartigen Stoffen. – Dein Einsiedler war ein wahrhafter Dichter, er hatte das wirklich geschaut, was er verkündete, und deshalb ergriff seine Rede Herz und Gemüt.‹

Aus dieser Einsicht aber entspringt das, was die Freunde humoristisch von jetzt ab ihr serapiontisches Prinzip nennen, d. h. das Ziel, dem sie mit ihren dichterischen Bemühungen zustreben wollen. ›Jeder prüfe wohl, ob er auch wirklich das geschaut, was er zu verkünden unternommen, ehe er es wagt, laut damit zu werden. Wenigstens strebe jeder recht ernstlich darnach, das Bild, das ihm im Innern aufgegangen, recht zu erfassen mit all seinen Gestalten, Farben, Lichtern und Schatten und dann, wenn er sich recht entzündet davon fühlt, die Darstellung ins äußere Leben zu tragen. So muß unser Verein, auf tüchtige Grundpfeiler gestützt, dauern und für jeden von uns allen sich gar erquicklich gestalten. Der Einsiedler Serapion sei unser Schutzpatron, er läßt seine Sehergabe über uns walten, seiner Regel wollen wir folgen als getreue Serapionsbrüder.‹

Dieses Prinzip darf man freilich nicht mit ›Realismus‹, geschweige denn mit jenem banalen Naturalismus verwechseln, dessen Wirklichkeitscharakter durch getreue *Beobachtung* der Wirklichkeit gewonnen wird. Gerade das ist es nicht. Und alles kommt darauf an, diesen Unterschied in aller Schärfe zu begreifen. Der Wirklichkeitscharakter, der hier für jede wahre Dichtung gefordert wird, ist *phantasiegeboren.* Er ist gerade das Königszeichen echter Phantasie, die um so stärker Phantasie ist, je mehr es ihr gelingt, Wirklichkeit zu erschaffen – so daß die höchste Stufe dieser Phantasie jener Wahnsinn ist, der innere Phantasie und äußere Wirklichkeit nicht mehr zu unterscheiden weiß. Nur solche Dichtung ist das Analogon und Sinnbild jener weltschöpferischen Kraft unseres Geistes, die das Thema der Transzendentalphilosophie ist.

Und doch setzt an diesem Punkte nun der letzte Gedanke ein, der alles wieder in Frage zu stellen und die Selbstherrlichkeit der Phantasie als eine Selbsttäuschung zu erklären scheint. ›Gewiß (so heißt es in der Unterhaltung), es gibt eine *innere* Welt (im Gegensatz zur äußeren), und wir haben auch die geistige Kraft, sie in voller Klarheit in dem vollendetsten Glanze des regsten Lebens zu schauen.‹ Und das ist das, wovon bisher allein die Rede gewesen ist. ›Aber‹, heißt es nun weiter, ›es ist unser irdisches Erbteil, daß eben die Außenwelt, in der wir eingeschachtet, als der Hebel wirkt, der jene Kraft in Bewegung setzt.‹ Das soll heißen: so selbstherrlich sich unsere Phantasie auch scheint, sie ist letzten Grundes angewiesen auf den Stoff der Außenwelt. Und was sie so selbstherrlich zu erschaffen scheint, kann sie nur erschaffen mit den *Bausteinen* der Wirklichkeit. Ihr Schöpfertum, mit anderen Worten, ist nicht absolut. Es ist nicht gleich dem Schöpfertume Gottes, der allein die Kraft besaß, die Welt aus dem Nichts zu schaffen. Aus dem Nichts kann die menschliche Phantasie ihre Schöpfungen nicht erschaffen. Ihr Schöpfertum wird in Bewegung gesetzt erst durch die Außenwelt.

Und das bedeutet, wie wir jetzt erfahren: wenn es etwas

gibt, was wir innere Erscheinungen nennen können – und als solche haben sie offenbar einen übersinnlichen, rein geistigen Charakter –, dann vermögen wir diese inneren Erscheinungen *auszudrücken* nur im Medium äußerer sinnlicher Anschauungen, d. h. mit den Bausteinen der Außenwelt. Nur symbolisch, sinnbildlich, wir können auch sagen: phantastisch! Das wird bei Hoffmann mit dem Satz ausgedrückt: ›Die inneren Erscheinungen gehen auf in dem Kreise, den die äußeren um uns bilden‹, und diesen Kreis vermag auch der Geist nur ›in dunklen, geheimnisvollen Ahnungen zu überfliegen, die sich nie zum deutlichen Bilde gestalten‹. Die Phantasie also, müssen wir begreifen, ist in Wahrheit die *Mittlerin* zwischen beiden Welten, der inneren, rein geistigen, und der äußeren, der sinnlichen Wirklichkeit. Was sie schafft, sind eigentlich darum nur *Gleichnisse der inneren im Stoffe der äußeren Welt.*
In dieser ihrer Funktion aber ist sie darum ebensosehr gebunden wie nicht gebunden an die äußere Wirklichkeit. Gebunden ist sie nur an die Sinnenwelt überhaupt ganz allgemein. Denn die Sinnenwelt hat für sie nur den Charakter von Bausteinen, aus denen sie ihre Eigenbauten aufführt. *Wie* sie dieses Material verwendet und was sie daraus für Gestalten schafft, wie sie also mit der äußeren Wirklichkeit *verfährt*, darin ist sie völlig frei. So ist das, was sie hervorbringt, also gleichzeitig realistisch wie phantastisch [. . .].«

Korff: Geist der Goethezeit. Teil IV Hochromantik. Leipzig: Koehler & Amelang 1953. S. 594–597

Thomas Cramer sieht das Groteske als Mittel der ironischen Vernichtung der Wirklichkeit:

»Setzung einer phantasiegeschaffenen und gleichwohl wirklichen, weil wirklich gesehenen Welt gegen die Wirklichkeit, die damit ihren Absolutheitsanspruch verliert und zur Larve wird – das ist die Essenz des ›Serapiontischen Prinzips‹.«

Cramer: Das Groteske bei E. T. A. Hoffmann. München: Fink 1970. S. 84

Einen gesonderten Abschnitt zum Problem des ›serapiontischen Prinzips‹ steuert Hans-Georg Werner bei:

»Cyprian und seinen Freunden ist eine Fähigkeit des Einsiedlers Serapion besonders merkwürdig, die Gabe nämlich, seinen Wahnvorstellungen einen so hohen Grad von Anschaulichkeit und Gegenständlichkeit zu verleihen, daß sie ihm die Wirklichkeit völlig ersetzen. In dieser Kraft, das Gedachte und Gefühlte zu veranschaulichen und zu vergegenständlichen, sehen die Freunde, die sich zu Ehren des wahnsinnigen Heiligen den Namen Serapionsbrüder geben, die entscheidende Grundlage aller echten Dichtung: ›Jeder prüfe wohl, ob er auch wirklich das geschaut, was er zu verkünden unternommen, ehe er es wagt, laut damit zu werden. Wenigstens strebe jeder ernstlich darnach, das Bild, das ihm im Innern aufgegangen, recht zu erfassen mit allen seinen Gestalten, Farben, Lichtern und Schatten und dann, wenn er sich recht entzündet davon fühlt, die Darstellung ins äußere Leben zu tragen. ... Der Einsiedler Serapion sei unser Schutzpatron, er lasse seine Sehergabe über uns walten, seiner Regel wollen wir folgen als getreue Serapionsbrüder!‹
Das Serapiontische Prinzip verlangt jedoch mehr vom Dichter als nur die Fähigkeit, seine Gedanken und Gefühle anschaulich zu gestalten. [...] Hoffmann war in einem großen Teil seines dichterischen Werkes bemüht, den Leser gleichsam mit suggestiver Kraft in Spannung zu halten. Die Vorstellung, daß Dichtung den Leser völlig in ihren Bann ziehen muß, steht auch hinter den Erörterungen über das Serapiontische Prinzip, wobei offensichtlich nicht nur gemeint ist, daß der Leser sich in die Welt der Dichtung einleben und sie als eine gestaltete Totalität verstehen soll sondern die von der Dichtung ausströmende suggestive Kraft soll ihn bis zu einem gewissen Grade aus der Wirklichkeit herauslösen und ihn in Kontakt mit der von Hoffmann angenommenen übersinnlichen Welt setzen. Die von Hoffmann geforderte Anschauung, die jeder Dichtung zur Grundlage dienen soll, ist daher auch nicht ausschließlich – nicht einmal in erster Linie – Anschauung des Wirklichen Es geht nicht darum, ob das Dargestellte wirklich ist, der Wirklichkeit entnommen oder zugehörig, sondern ausschlaggebend ist einzig, ob das innere Auge des Dichters, ob sein Phantasie dem Erschauten einen solchen Grad von Wirklichkeit verleihen können, daß es als wirklich *erscheint*

Nicht zufällig nannte Hoffmann Dichter und Seher in einem Atemzuge. Die Phantasie des Menschen, sein inneres Auge sei das eigentlich künstlerisch produktive Organ. Hoffmann maß deshalb der von oben kommenden Inspiration des Künstlers hohe Bedeutung bei.«

Werner: E. T. A. Hoffmann. Darstellung und Deutung der Wirklichkeit im dichterischen Werk. Berlin/Weimar: Aufbau-Verlag [2]1971. (Beiträge zur deutschen Klassik. Bd. 13.) S. 51 f.

Wulf Segebrecht nimmt zu diesem Problem, ältere Auffassungen korrigierend, Stellung:

»Die Poesie oder richtiger: die Kunst ist das zentrale Thema des Dichters Hoffmann. Ihr Wesen, ihre Aufgaben, ihre Möglichkeiten werden stets von neuem erwogen und umkreist. Trotzdem war Hoffmann durchaus kein Theoretiker. Eine bündige Poetik ist von ihm nicht zu erwarten, eher eine ›immanente‹ Poetik, die zugleich Poesie ist. Sie entwickelt sich nicht aus der Stringenz einer unerschütterlichen Grundauffassung, sondern aus dem abwägenden Mit- und Gegeneinander der Argumente, aus den Forderungen der Welt und der Sehnsucht, die Welt zu vergessen. Die dichterischen Figuren stehen innerhalb dieser ›Poetik‹ gleichberechtigt neben Reflexionen des Erzählers, erzählerische Formen und Prinzipien erhalten den gleichen Aussagewert wie theoretische Postulate. Damit hängt es zusammen, daß Hoffmann so gern die Gesprächsform verwendet. Sie ermöglicht erzählerische Konkretisierung und begriffliche Abstraktion zugleich, sie begünstigt die Auseinandersetzung ebenso wie die Übereinstimmung und betont schließlich die gesellig-gesellschaftliche Funktion der Kunst.

Am Gesprächsrahmen der Erzählungssammlung ›Die Serapions-Brüder‹ ließe [sich] das im einzelnen zeigen. Dieser Rahmen verbindet die Erzählungen nicht nur untereinander, sondern er stellt sie zur Diskussion, vermittelt ihnen distanzierte Leser und kritische Fragen, er läßt, um Hoffmanns Worte zu Callot zu variieren, das Einzelne als Einzelnes für sich bestehen und reiht es doch gleichzeitig dem Ganzen an. Die einzelnen Erzählungen verlieren dabei nichts von ihrem Eigenwert, aber sie gewinnen eine zusätzliche Qualität: die der Verbindlichkeit. Dafür sorgt schon das ›serapiontische Prinzip‹, auf das hin sie von dem Freundeskreis befragt werden. Nach ›Callots Manier‹ ist das ›serapiontische Prinzip‹ die zweite dichterische Verfahrensweise, zu der Hoffmann sich bekannte. Sie ist in der Forschung vielen Mißverständnissen ausgesetzt gewesen, sei es, daß man in ihr eine Umkehrung von ›Callots Manier‹ oder gar ein Bekenntnis zur reinen Phantasiedichtung gesehen hat. Auch von der Entstehungsgeschichte der ›Serapions-Brüder‹ her hat man gegen die Gültigkeit des ›serapiontischen Prinzips‹ argumentiert und den ganzen Rahmen nur als äußerliche Verlegenheitslösung bezeichnet. Es ist aber nicht zu übersehen, daß Hoffmann sich auch später noch mehrfach auf das erzählerische Prinzip der ›Serapions-Brüder‹ beruft, so z. B. in ›Des Vetters Eckfenster‹, einer späten Erzählung, in der er übrigens zugleich auch ›Callots Manier‹ bestätigt, so daß man davon auszugehen hat, daß hier nicht eine Verfahrensweise die andere ablöst, sondern sie ergänzt, vertieft, variiert. Hoffmann ging sogar einmal öffentlich auf Vorwürfe der Kritik gegen das ›serapiontische Prinzip‹ ein (was er sonst selten und dann zumeist scherzhaft zu tun pflegte). Das spricht für die Bedeutung, die er diesem Prinzip zuschrieb. Er tat es in einem zur Publikation bestimmten Brief an J. D. Symanski, der ihn um einen Beitrag für die neugegründete Zeitschrift ›Der Zuschauer‹ gebeten hatte. Hoffmann schreibt:

›Mit Vergnügen werde ich Ihren Wunsch erfüllen, um so mehr, als der wohlgewählte Titel mich an meine Lieblingsneigung erinnert. Sie wissen es nehmlich wohl schon, wie gar zu gern ich zuschaue und anschaue, und dann schwarz auf weiß von mir gebe, was ich eben recht lebendig erschaut. –

Von etwas anderm, meine ich, als von dem, dessen Anschauung in vollkommner Gestalt im Innern aufgegangen, könne man auch gar nicht so sprechen, daß die Leute es eben so lebendig erblicken, zu denen man spricht. – Dieses Prinzip, das in einem mir bekannten Buche, die Serapions-Brüder betitelt, einem Menschen zugeschrieben wird, der, im Verstande etwas wackelig geworden, sich für den Märtyrer Serapion hielt, ist zwar von einem strengen Mann verworfen, und von ihm behauptet worden: mit der Anschauung sey es nichts, und nur der Verstand brüte wahre Dichterwerke aus. Ich denke indessen: daß, da die innern Augen, deren Blick die dichterische Anschauung bedingt, eben so gut im Kopfe sitzen wie der Verstand, der heilige Serapion, als er jenes Prinzip aufstellte, nach dem man nur *das* lebendig und wahrhaft ans Licht befördern kann, was man eben so im Innern geschaut, immer den unwandelbar treuen ehelichen Bund vorausgesezt hat, in dem beide, Verstand und Fantasie bleiben müssen, wenn etwas ordentliches herauskommen soll. – Ich bleibe bey diesem Prinzip! –‹[1]

Das sind deutliche Worte. Es wäre Hoffmann höchstens vorzuwerfen, er habe die Figur des Serapion umgedeutet, wenn er unterstellt, dieser selbst habe bereits jenen ›unwandelbar treuen ehelichen Bund‹ von Verstand und Phantasie vorausgesetzt; das trifft gewiß nicht zu und wurde wohl nur der Abkürzung halber von Hoffmann so referiert. Das Prinzip als solches dagegen ist richtig wiedergegeben und wird nachdrücklich bestätigt. Nur wurde es von den Serapionsbrüdern entwickelt, nicht von Serapion selbst. Dieser dient in dem Buch lediglich zum Exempel des Prinzips, er vertritt es nicht selbst.«

Segebrecht: E. T. A. Hoffmann. In: Deutsche Dichter der Romantik. Hrsg. von Benno von Wiese. Berlin: Schmidt 1971. S. 398–400

Horst C o n r a d geht auf das Thema speziell in Zusammenhang mit dieser Erzählung ein:

»Die Serapions-Brüder nennen die Erzählung [»Das Fräulein von Scuderi«] dann auch ›deshalb wahrhaft serapiontisch, weil sie auf geschichtlichen Grund gebaut, doch hinaufsteige ins Fantastische‹. Auf den ersten Blick scheint das insofern verwunderlich, als es beim ›serapiontischen Prinzip‹ um eine phantastische Einbildungskraft geht, die mit allen strukturellen Eigenheiten der Wirklichkeit ausgegeben wird. Irreales wird stets mit den Kategorien der Realität gemessen. In der Erzählung aber ist das an Fakten orientierte Sittenbild der Massenstadt Paris quasi der Humus

1 E. T. A. Hoffmann im persönlichen und brieflichen Verkehr. Hrsg. von Hans von Müller. Leipzig 1903. S. 421.

der Wahnverbrechen Cardillacs. Die rätselhaften Verbrechen Exilis, der Brinvillier oder der la Voisin sind der historisch ausgewiesene Umkreis, dem auch die Verbrechen Cardillacs adäquat sind; doch historisch-faktische Bezüge schildert der Erzähler allein unter dem Aspekt der durch krankhafte Verbrechen in Ausnahmezustand versetzten Stadt. Das Faktische stellt sich als exzeptioneller Zustand dar, bedingt durch den Druck irrationaler Verbrechen. Serapiontisch kann die Erzählung daher dann genannt werden, wenn im Vergleich zu dem mit allen strukturellen Eigenheiten der Wirklichkeit ausgegebenen Wahn Serapions es die Wahnwelt Cardillacs oder der Brinvillier ist, die alles Historisch-Faktische bestimmt. Ohne diesen Wahn wären die Verbrechen, die zur Detektion drängen, nicht denkbar, ohne ihn auch nicht die Konfrontation der heterogenen Kunstauffassungen. Da diese Verbrechen aber Ausmaß eines nicht lösbaren Rätsels um den menschlichen Charakter annehmen, verliert der detektorische Indizienbeweis an Gewicht. Die Justizorgane in Paris können ihrem Auftrag, die Sicherheit der Stadt zu gewährleisten, nicht nachkommen, da faktenorientierte Raum- und Zeitbegriffe die Rekonstruktion nicht erbringen können. Im ›serapiontischen Prinzip‹ werden dagegen Raum und Zeit einem metalogischen Bezugsfeld fruchtbar gemacht; dem entspricht, daß die psychopathologischen Verbrechen einen ihnen eigenen Ermittlungsrahmen finden, in dem an Alibi und Topographie orientierte Indizienbeweise keinen Platz haben. Im Gegensatz dazu ist die spätere Detektivgeschichte dadurch gekennzeichnet, daß Raum- und Zeitbegriffe streng funktional der logischen Rekonstruktion vordergründiger Alltäglichkeit dienen, wenn es etwa um den Nachweis eines Alibis an Hand eines Fahrplans geht, oder darum, aus der genauen Kenntnis des Stadtplans sowie der Anordnung eines Mordzimmers die Fluchtbahn des Täters zu rekonstruieren. Die genaue Anverwandlung zeitnahen Kolorits dient in der Detektivgeschichte dem heimlichen Nachweis, daß selbst unter den gewandelten Bedingungen der modernen Großstadt ein jedes Verbrechen rekonstruierbar ist. Hoffmanns Erzählung verwendet exaktes Zeitkolorit dagegen, um eine durch psychopathologische Verbrechen in Ausnahmezustand versetzte Massenstadt zu zeigen; dieses Sujet sollte aber die spätere Detektivgeschichte mit Vorbedacht umgehen, da es sich jeder kriminalistischen Rationalisierung entzieht. Durch seine transponierende Verwendung des Raum- und Zeitbegriffs verhinderte daher das ›serapiontische Prinzip‹ die Ausbildung einer Detektivgeschichte, wie sie seit Poe vorliegt. [...] Hoffmann ist mit seiner Erzählung wohl nicht der ›Archeget der Gattung‹ geworden.[2] Der Dschungel einer Dingwelt gewinnt ein eigenes phantastisches Leben, das sich der Deduktion entzieht. Ursachen und Umstände einer Tat sind aus ihren Spuren nicht ablesbar. Hoffmanns Rätsel schließen gleichzeitig und nebeneinander eine logische wie eine unzugängliche, metalogische Erklärung ein. Sie bieten einen vernünftigen Aspekt gleichgeordnet neben einem phantastischen.«

Conrad: Die literarische Angst. Das Schreckliche in Schauerromantik und Detektivgeschichte. Düsseldorf: Bertelsmann 1974. (Literatur in der Gesellschaft. Bd. 21.) S. 111 f.

2 Günter Bien: Abenteuer und verborgene Wahrheit. Gibt es den literarischen Detektivroman? In: Hochland 57 (1964/65) S. 457.

# V. Zur Problematik der Kriminalerzählung

Mit kritischem Eifer beschäftigt sich die Literaturästhetik mit der Kriminalerzählung, die neben vielen anderen bisher verachteten Gattungen der Literatur in den Vordergrund des Interesses getreten ist. Die Auseinandersetzung um die Kriminalgeschichte oder die Detektivgeschichte hat sich, was Grundsatzfragen angeht, nicht zuletzt an Hoffmanns Erzählung »Das Fräulein von Scuderi« entzündet. Die Initialzündung zu diesem kleinen Literaturstreit wurde durch einen Aufsatz von Richard Alewyn aus dem Jahre 1963, »Das Rätsel des Detektivromans«, gesetzt. Das vorläufig letzte Wort um die »Scuderi« hat dann wiederum Alewyn in seiner neuen Essaysammlung »Probleme und Gestalten« gesprochen (1974).

Richard Alewyn:

»Und nun freue ich mich, nach soviel trockener Theorie eine Geschichte erzählen oder vielmehr nacherzählen zu können: Sie spielt in Paris in der Zeit Ludwigs XIV. Die Stadt wird seit einiger Zeit beunruhigt durch eine Serie von Morden, die alle nach dem gleichen Muster verlaufen. Die Opfer sind stets einsame Fußgänger, die, mit kostbaren Geschenken versehen, in später Nacht zu einem amourösen Stelldichein unterwegs sind. Am Morgen werden sie gefunden, durch einen Stich der gleichen Waffe getötet und ihrer Juwelen beraubt. Der polizeiliche Schutz wird verstärkt und ein besonderer Gerichtshof eingesetzt, dem es zwar gelingt, einen Schrecken zu verbreiten, vor dem auch der Unschuldigste zu zittern beginnt, jedoch nicht, des Mörders habhaft zu werden oder auch nur die Fortsetzung seiner Untaten zu verhindern. Erst als auch der angesehene Goldschmied Cardillac ermordet aufgefunden worden ist, glaubt man den Täter entdeckt zu haben: Olivier Brusson, der Geselle und Hausgenosse Cardillacs und Verlobte seiner Tochter Madelon, wird verhaftet.
Gegen ihn sprechen sämtliche Indizien: Er ist im Zimmer Cardillacs bei der Leiche gefunden worden und zugleich mit ihm die Waffe, mit der nicht nur Cardillac, sondern

auch alle früheren Opfer getötet worden sind. Er kann keine glaubhafte Erklärung des Hergangs liefern. Er gibt an, sein Meister habe um Mitternacht das Haus verlassen und ihm befohlen, ihm in einem Abstand von fünfzehn Schritt zu folgen. Aus dieser Entfernung habe er gesehen, wie Cardillac von einem Unbekannten angefallen worden sei. Der Mörder sei im Dunkeln verschwunden, er selbst habe den Sterbenden in sein Haus zurückgeschleppt und auch die Mordwaffe mitgenommen.

Diese Angaben sind völlig unglaubhaft, wie umständlich dargetan wird. Einmal vermag Olivier nicht zu erklären, was Cardillac veranlaßt haben könnte, noch zu so später Stunde auszugehen. Zweitens erscheint es weder möglich, daß er zu der angegebenen Zeit noch einmal das Haus verlassen haben, noch daß Olivier mit ihm zurückgekehrt sein könnte. Denn andere Hausbewohner sagen aus, was durch eine Nachprüfung bestätigt wird, daß sowohl das Schloß als auch die Angeln des Haustors nur unter lautem Geräusch zu bewegen sind, das bis ins dritte Stockwerk hörbar ist. Es haben aber im zweiten Stockwerk zwei Zeugen die ganze Nacht schlaflos verbracht. Sie haben zwar wohl gehört, daß Cardillac wie üblich um neun Uhr abends das Tor von innen verriegelte, dann aber nichts als nach Mitternacht über ihrer Zimmerdecke erst schwere Schritte, danach einen dumpfen Fall und dann ein lautes Stöhnen. Die Situation – der Theorie und Praxis des Detektivromans als die des ›versperrten Mordzimmers‹ wohl bekannt – erlaubt keinen anderen Schluß, als daß der Mord sich im Hause vollzogen hat. Als Täter kommt kein anderer in Frage als Olivier.

Dann müssen aber auch die früheren Morde, die mit der gleichen Waffe unter ähnlichen Umständen ausgeführt wurden, auf sein Konto kommen, und diese Vermutung wird zur Gewißheit, als mit der Verhaftung Oliviers die Morde mit einem Schlag aufhören. Weder die Polizei noch die Öffentlichkeit zweifeln an Oliviers Schuld, um so weniger als es ihm, als dem Verlobten der Tochter und einzigen Erbin Cardillacs, auch an einem einleuchtenden Motiv nicht gefehlt haben würde.

Hier haben wir den scheinbar lückenlosen Indizienbeweis, der doch völlig in die Irre geht. Olivier ist nicht der Mörder, wenn auch der unfreiwillige und unglückliche Mitwisser, den – wie so oft im Detektivroman – die Rücksicht auf einen Nahestehenden zum Schweigen zwingt. Der gesuchte Mörder ist kein anderer als Cardillac, als ein als ehrbar bekannter Handwerker und überdies als das scheinbar letzte Opfer einer langen Mordserie die scheinbar unverdächtigste Person. Ein neurotischer Zwang, dessen Entstehung übrigens nach psychoanalytischer Methode erklärt wird, trieb ihn, sich mit mörderischen Mitteln der von ihm angefertigten Schmuckstücke wieder zu bemächtigen. Ein geheimer Gang ermöglichte ihm, unbemerkt das Haus zu verlassen. Bei dem letzten dieser Ausflüge war er von einem Offizier, den er angefallen hatte, in der Notwehr mit seinem eigenen Dolch erstochen und von Olivier, der ihm heimlich gefolgt war, ins Haus zurückgebracht worden.

Wenn dies alles an den Tag kommt, ist es nicht das Werk der Polizei. Im Gegenteil, ihre Methoden verhinderten geradezu die Aufklärung. Der Schrecken, den sie verbreitet, verschloß dem Mörder Cardillacs den Mund. Die Aufklärung gelingt vielmehr einem Außenseiter, dem Fräulein von Scuderi, einem so klugen wie beherzten alten Dämchen und einer Dichterin, nicht zwar, indem sie, wie ihre späteren Kollegen im Detektivroman, aktiv die Fahndung in die Hand nimmt, aber doch auch nicht von ungefähr, sondern durch die Eigenschaften, die den Vertretern von Gericht und Polizei völlig abgehen und die sie auch zur Dichterin machen: Warmherzigkeit, Weisheit und eine untrügliche Sicherheit des Gefühls. Diese Eigenschaften ermutigen den notgedrungenen Mörder Cardillacs, sich ihr anzuvertrauen. Diesen Eigenschaften (und einer früheren persönlichen Verbindung) verdankte sie auch schon vorher ein Geständnis, das Olivier, um seine Geliebte zu schonen, der Polizei verweigert hatte.

In dieser Geschichte finden wir, neben einigen untergeordneten Motiven, die drei Elemente zusammen, die den Detektivroman konstituieren: Erstens den Mord, beziehungsweise die Mordserie, am Anfang und dessen Aufklärung am Ende, zweitens den verdächtigen Unschuldigen und den unverdächtigen Schuldigen, und drittens die Detektion, nicht durch die Polizei, sondern durch den Außenseiter, ein altes Fräulein und eine Dichterin, dazu als viertes, zwar nicht obligates, aber doch ungemein häufiges Element das versperrte Mordzimmer (locked room). Die Erzählung heißt ›Das Fräulein von Scuderi‹. Ihr Verfasser ist der deutsche Romantiker E. T. A. Hoffmann. Sie erschien 1818 [eigtl. 1819/20], fast ein Vierteljahrhundert vor E. A. Poes ›Murders in the Rue Morgue‹, mit denen nach bisheriger Ansicht die Geschichte des Detektivromans beginnt.«

Alewyn: Ursprung des Detektivromans. In: R. A., Probleme und Gestalten. Frankfurt a. M.: Insel Verlag 1974. S. 351–354. (Zuerst u. d. T. »Das Rätsel des Detektivromans« in: Definitionen, hrsg. von Adolf Frisé, Frankfurt a. M.: Klostermann 1963, S. 117–136.)

Klaus Kanzog:

»Die *Analyse* der kriminalistischen Elemente muß sich zunächst auf die Frage nach dem *Detektiv* konzentrieren, wobei offensichtlich ist, daß die Scuderi nicht als Detektiv angesehen werden kann. Wieder sind es nur leitmotivische Züge, die jedoch durch ihre Steigerung detektivisches Wirken wesentlich dynamischer als in einem statischen Detektiv-Typ zum Ausdruck bringen. – Nach der Öffnung des Kästchens und der Entdeckung des Inhalts schreitet die Scuderi ›schweigend langsam im Zimmer auf und nieder, als sinne sie erst nach, was nun zu tun sei‹ [21,15–17][1], eine Bewegung, die bald zum Repertoire der klassischen Detektive gehört. Sodann benutzt Hoffmann das Motiv der ›Ahnung‹: nach dem Auftritt Cardillacs kann sich die Scuderi einer ›dunklen Ahnung‹ nicht erwehren, ›daß hinter diesem allem irgendein grauenvolles, entsetzliches Geheimnis verborgen‹ [29,1–3]; als sie am Morgen nach der Mordnacht vor dem Hause Cardillacs erscheint, gestaltet sich eine ›furchtbare Ahnung‹ [32,20]. – Der nächste Schritt, ihr Entschluß, Madelon zu sich zu nehmen, wird nicht zuletzt durch ihre Opposition zur Polizei bestimmt (sie blickte ›den unschuldsvollen Engel an, ihr graute vor Desgrais und seinen Gesellen‹, [33,25 f.]; auch hier erscheint ein Verhalten späterer Detektive vorgeprägt. – Die nächste Phase ihres ›detektivischen‹ Verhaltens besteht in ihrem Abwägen der Aussagen

1 Seiten- und Zeilenangaben entgegen Original nach Reclam-Ausgabe.

Madelons: ›Immer und immer wieder ließ sich die Scuderi die kleinsten Umstände des schrecklichen Ereignisses wiederholen‹ [35,34 f.], und ›genau alles prüfend‹ [36,7 f.], findet sie ›im Reich der Möglichkeit keinen Beweggrund zu der entsetzlichen Tat‹ [36,10 f.]; das Wort Motiv[a] wird hier von Hoffmann vermieden. Wie bei einem ›echten‹ Detektiv erscheint der Gedankenschluß als Folge des Zusammenwirkens von Intuition (›Gefühl‹ und ›innere Stimme‹ [40,16]) und sachlicher Untersuchung, aber im Gegensatz zu den späteren unfehlbaren Kombinationsgenies erlebt die Scuderi durch die Indizienbeweise La Regnies, die ebenso sachlich aufgebaut sind, denen jedoch, vorgetragen mit ›beinahe hämischem‹ und ›giftigen Lächeln‹ [36,35 f. und 39,30 f.], die aus dem Herzen geborene Intuition fehlt, eine schwere Krise: ›So bitter noch nie vom innern Gefühl getäuscht, auf den Tod angepackt von der höllischen Macht auf Erden, an deren Dasein sie nicht geglaubt, verzweifelte die Scuderi an aller Wahrheit‹ [41,15–18]. Kurz darauf setzt abermals die Intuition ein: ›aus dem tiefsten Innern heraus‹ regte sich ›die Ahnung eines Geheimnisses, der Glaube an Oliviers Unschuld‹ [42,20–22]. Wenn sie der neuen Unterredung mit Olivier zustimmt, ist es, als ›müsse sie einer höheren Macht gehorchen‹ [44,16]. Damit ist ihr detektivisches Verhalten dem ausschließlichen Rationalismus der späteren Detektive entrückt, mit dem Bericht Oliviers ist zugleich ihre Rolle als ›Detektiv‹ abgeschlossen, sie tritt in ihre neue Rolle als Advokat. Zwar holt sie dabei den Rat des ›Rechtsverständigen‹ Pierre Arnaud d'Andilly ein, aber nicht zufällig läßt Hoffmann später Ludwig XIV. zur Scuderi sagen: ›Ihr solltet Parlamentsadvokat sein und meine Rechtshändel ausfechten‹ [74,29 f.]. Hoffmann hat mit der Scuderi das Bild einer idealen Anwältin des Rechts entworfen. Von d'Andilly wird gesagt, seine ›tiefe Wissenschaft‹, sein ›umfassender Verstand‹ seien seiner ›Rechtschaffenheit‹ und seiner ›Tugend‹ gleich [65,8 f.], die Scuderi zeichnet sich dagegen nicht nur durch Scharfsinn, Beredsamkeit und Tugend aus, sie ist vielmehr in eine Tiefe

[a] Es taucht in seiner ursprünglichen Bedeutung (= Beweggrund) im Bericht Oliviers auf: ›Unerachtet ich aus den Reden der Marechaussee genug entnehmen konnte, waren mir Cardillacs Untaten, ihr Motiv, die Art, sie auszuführen, ein Rätsel‹ [54,11–13].

des Rechts, letztlich in einen Widerspruch von Dämonie und Recht, vorgestoßen, der dem ›umfassenden Verstande‹ immer unzugänglich bleiben wird.
So gewinnen schließlich die *Zeugenaussagen* eine doppelte Funktion. Die Aussage Madelons und die Indizienbeweise La Regnies, letztere eine kalte Kombination verschiedener Aussagen, stehen anfangs in kriminalistischem Lichte, mit der entscheidenden Aussage des Grafen Miossens, in ihrem Werte eine gerichtliche Bekundung (›geheime Unterredung‹ mit dem König [73,30 f.]), erlangen sie juristische Bedeutung.
In jeder Detektiv- und Kriminalgeschichte ist neben dem Detektiv das *System der versteckten Hinweise* auf den Täter von besonderer Bedeutung – beide bilden die polare Spannung der Geschichte. Auch bei Hoffmann ist ein solches System zu erkennen.«

Kanzog: E. T. A. Hoffmanns Erzählung ›Das Fräulein von Scuderi‹ als Kriminalgeschichte. In: Mitteilungen der E. T. A. Hoffmann-Gesellschaft. Bamberg 1964. H. 11. S. 4–6

Josef Kunz:

»Mit Recht hat man die Novelle vom Schema der Kriminalgeschichte her gedeutet.[a] Dieses Schema bestimmt nicht nur die zentrale Handlung, sondern auch die Eingangspartien der Novelle, jene, die über den Zustand des Paris Ludwigs XIV., die Mordtaten des Italieners Exili und zahlreiche andere Gestalten berichten. Vor allem aber der Aufbau der Cardillac-Handlung selbst hat den dem Schema der Kriminalgeschichte entlehnten Rhythmus von Verrätselung und Auflösung bzw. Schein-Auflösung. So ist schon der Eingangsteil der Handlung gestaltet, darin die nächtliche Erscheinung des Unbekannten im Hause der Scuderi berichtet wird; darauf – nach dem eingefügten Teil über die Pariser Zustände – all das, was sich um die rätselhaft-unheimliche Gestalt Cardillacs zusammenzieht; des weiteren die Verhaftung des der Mordtaten verdächtigen Olivier als irreführende Lösung, schließlich das Bekenntnis Cardillacs, in dem endlich das Rätsel gelöst wird.

[a] Richard Alewyn: Das Rätsel des Detektivromans. In: Definitionen. Essays zur Literatur. Hrsg. von Adolf Frisé. Frankfurt a. M. 1963. S. 117 ff.

Eberhard Lämmert hat unter den möglichen Rückwendungen im epischen Werk auch auf jene hingewiesen, die er die ›auflösende Rückwendung‹ nennt. ›Ihrer Stellung nach bildet sie einen Teil des Erzählungs-Schlusses oder bereitet diesen vor. Durch die Aufdeckung bisher ungekannter Ereignisse oder Zusammenhänge oder durch die Aufklärung eines bislang in der Erzählung noch rätselhaft gebliebenen Geschehens löst sie die Knoten der Handlung auf, glättet die Konflikte oder macht sie begreiflich. Ein entlarvender Charakter kennzeichnet sie zumeist.‹[b] Mit Recht weist der Verfasser darauf hin, daß vor allem das Schema des Kriminalromans am Ende sich in einer solchen Rückwendung zuspitzt. Was auf diese Weise von Lämmert herausgearbeitet wird, gilt auch für den Aufbau der ›Scuderi‹-Novelle. Cardillacs Bekenntnis ist als eine solche ›auflösende Rückwendung‹ zu verstehen; auflösend im Sinne der Enträtselung dessen, was zwielichtig und zweideutig war.

Es ist schon angedeutet worden, daß dieses Schema der Kriminalnovelle mit der auflösenden Rückwendung am Ende nicht nur bei Hoffmann, sondern in der Novellistik der gesamten Romantik bedeutsam wurde. [. . .] Warum ein solcher Aufbau gerade die Epoche der Romantik anzog, ist nach dem bisher Gesagten nicht schwer zu begründen. Voraussetzung dafür ist der Umstand, daß gerade in den beiden Generationen der Romantik das eindeutige Menschen- und Weltbild der vorbildlichen Ordnungen sich aufgelöst hat und zwielichtig geworden ist; ein Umstand, der als die soziologische Voraussetzung dessen zu begreifen ist, was bisher als metaphysische Voraussetzung und Zweideutigkeit herausgearbeitet worden ist. Was bisher verläßlich schien, gerät in diesen Zwiespalt und in diese Unzuverlässigkeit. Nicht umsonst erscheinen im Anfange der ›Scuderi‹-Novelle gerade Angehörige des Adels und des Klerus in dieser Zweideutigkeit: Marquisen, Kardinäle, Herzöge; so wie es auch nicht ohne Zufall in der Kleist-Novelle ›Die Marquise von O.‹ ein Angehöriger des hohen Adels ist, dessen Existenz sich als zweideutig erweist. Mit anderen Worten: Es sind in allen Fällen gerade die Träger der alten Ordnung, die sich als fragwürdig herausstellen.

[b] Eberhard Lämmert: Bauformen des Erzählens. Stuttgart 1955. ²1964 S. 108.

Einen solchen Zwiespalt zu gestalten, dafür erwies sich das Schema der Kriminalgeschichte als besonders geeignet. Darum ist die Vorliebe der romantischen Novellistik gerade dafür verständlich. Denn wie es sich auch im einzelnen verhält, die Kriminalgeschichte arbeitet immer mit diesem Motiv der Zweideutigkeit: Einer, der nach außen als ein geachteter Bürger lebt, ist in Wirklichkeit der lang gesuchte Verbrecher. Um dieser Thematik der Zweideutigkeit willen wird die Kriminalgeschichte für eine Epoche aktuell und bedeutsam, die nicht an der Tatsache vorbeigehen kann, daß sich die Zuverlässigkeit bisher gültiger Ordnungen als trügerisch erwiesen hat. Und vor allem ist es kein Zufall, daß gerade E. T. A. Hoffmann mit diesem Schema arbeitet; also jener Novellist der Romantik, dessen gesamtes Œuvre um nichts anderes kreist als um die Thematik der Zweideutigkeit.«

Kunz: Die deutsche Novelle zwischen Klassik und Romantik. Berlin: Schmidt 1966. (Grundlagen der Germanistik. 2.) S. 91–93

Ernst Bloch:

»Der Anfang zum clever end scheint schwer gewesen zu sein, wurde später leider desto leichter. Hoffmanns ›Fräulein von Scudéry‹, öffnet 1819 die Bahn, mit der edlen alten Dame fast schon detektivhaft, den Goldschmied entlarvend, seinen Gesellen rettend. Scharf entwickelt aber, bereits mit allem Zubehör, wurde das Genre durch E. A. Poe, wie bekannt; Modell gibt ›The murders in the Rue Morgue‹, 1841, mit Mr. Dupin als klarem Detektiv, mit dem sonderlich schwer herauszuhorchenden Täter, einem Orang-Utang. Dann aber, wachsend von Ende des vorigen Jahrhunderts ab, gingen in der Gattung (heute nur von der Sciencefiction konkurriert) alle Schleusen des Vergnügens und der Spannung auf, gewiß auch der hunderttausend Nieten in der Kriminallotterie, vormals Hoffmann und Poe. [...]

Etwas ist nicht geheuer, damit fängt das an. Forschend Aufdeckendes ist freilich nur das eine, es geht aufs Woher. Forschend Heraufbildendes wäre das andere, es geht aufs Wohin. Ein Gewesenes Finden ist dort, ein Neues Schaffen hier der gespannte, oft nicht minder labyrinthische Vorgang. Und merkwürdig: auch das *Heraufbildende* kommt in eigener Romanform vor. Wieder sogar in oft sinistrer, dann in bedeutend hoher, nämlich im sogenannten *Künstlerroman.* Reizvoll wäre es, darin nicht minder an Ort und Stelle und bei der Stange bleibend, mit dieser selber Gehalte aufzuzeigen. Wie rechtens steht der Autor des ›Fräulein von Scudéry‹ auch hier am neueren Beginn, diesfalls das Geniefach betreffend. Der detektivische Kammergerichtsrat Hoffmann ging recht eigentlich über in das ›serapiontische Prinzip‹ des Malers, Musikers, Dichters.«

Bloch: Philosophische Ansicht des Detektivromans. In: E. B., Gesamtausgabe. Bd. 9 Literarische Aufsätze. Frankfurt a. M.: Suhrkamp 1965. S. 245 f. und 261

Richard Gerber:

»Wo liegt nun aber der eigentliche Ursprung des Kriminalromans? Woher kommt er in der Entwicklung dessen, was man leider etwas einseitig Geistesgeschichte nennt. Sagen wir lieber: Prozeß der Geistesgeschichte und Seelenverwandlung. Woher kommt er? Wie entspringt er?
Diese Frage wird meist gar nicht gestellt, sondern man treibt lieber das, was man etwa Gattungsgeschichte nennt. Die Gattung ist da, oder sie ist nicht da. Ist sie da, so wird sie seziert und die Teile werden fein säuberlich auf den Seziertisch gelegt. Hin und wieder wird die Frage aber doch gestellt, so zum Beispiel bei Alewyn. Nachdem er einige Erklärungsversuche, die sich auf die angelsächsische demokratische Mentalität beziehen, zurückgewiesen hat, schlägt er eine andere Lösung vor und kommt zu dem etwas überraschenden Schluß, der Detektivroman sei eine Berliner Erfindung: nämlich eine Kreation E. T. A. Hoffmanns im besonderen und weiter der deutschen Romantik im allgemeineren, und im weitesten der Romantik im allgemeinsten.
Es geht dabei vor allem um die Erkenntnis dessen, was Alewyn die ›dunklen Tiefen‹ nennt. ›Hier wie dort ist es aber nicht jedermann gegeben, diese dunklen Tiefen zu erkennen und zu erschließen.‹ Vielmehr gibt es nach Alewyn im Zuge der ›dementia antipodica‹ zwei Sorten von Menschen. Einmal die Philister: sie erkennen die dunklen Tiefen

nicht. Dann gibt es aber zweitens die Exzentriker, denen nach E. T. A. Hoffmann ›das Erkennen der Wunder unseres Lebens verliehen ist wie ein besonderer Sinn‹. ›Die Romantik nennt sie Künstler.‹ – ›Diese Menschen (so lesen wir weiter) sind es, die – wieder nach E. T. A. Hoffmann – ‚an jeder gewöhnlichen Erscheinung, sei es eine Person, Tat oder Gegebenheit, sogleich dasjenige Exzentrische schauen, zu dem wir in unserem gewöhnlichen Leben keine Gleichung finden und es daher wunderbar nennen, und denen es daher zum Beispiel auffällt, was Tausende von Passanten übersehen, daß es mit einem bestimmten Hause unter den Linden eine besondere Bewandtnis hat'. Einem solchen Menschen kann es auch geschehen, daß er ‚oft unbekannten Menschen, die etwas Verwunderliches in Gang, Kleidung, Ton, Blick haben, tagelang nachläuft, daß er antipodische Dinge zusammenstellt und Beziehungen herausphantasiert, an die niemand denkt'. Könnte man Begabung und Beschäftigung des Detektivs besser beschreiben?‹

Obwohl diese rhetorische Frage mundtötend gemeint ist, würde ich ohne Zögern antworten: Ja, viel, viel besser. Aber da Alewyn im Geiste schon nein gesagt hat, schließt er seine Ausführungen mit beruhigt-beruhigender Sicherheit: ›Damit sind die literarische Herkunft und die geistige Heimat des Detektivromans gesichert. Er ist ein Kind nicht des Rationalismus und Realismus, sondern der Romantik.‹

Zu dieser Schlußfolgerung mögen drei Einwände genügen.

1. ist hier wieder die ›dementia antipodica‹ am Werk, nach der ein Ding wenn es nicht das eine ist, das andere sein muß.

2. ist die Feststellung unoriginell, denn jeder Anfänger weiß, daß Edgar Allan Poe ein ›Romantiker‹ ist, und

3. stimmt sie nicht.

Es ist nämlich ein kleines Versehen unterlaufen, von der Art, die man etwa voreiligen Analogieschluß nennt, nach dem Rezept: ›Die Großmutter hat ein Holzbein. Der Eßtisch hat ein Holzbein. Die Großmutter ist hundert Jahre alt. Der Eßtisch ist hundertfünfzig Jahre alt. Also ist die Herkunft der Großmutter gesichert. Sie ist ein Kind des Eßtisches.‹

Ich will den Finger nur auf eine ganz besonders wunde Stelle des Analogieschlusses legen, auf das ›Wunder‹ und das ›Wunderbare‹. E. T. A. Hoffmann spricht davon, daß sich hinter und unter dem Gewöhnlichen das Wunder auftue, dem man durch ›Phantasieren‹ näherkomme, so wie sich etwa im ›Goldenen Topf‹ für Anselmus hinter der alltäglichen Tür das Wunder des Feuergeistes und der unsäglich sehnsüchtig verlockenden Serpentina auftut.
Beim Detektiv ist es anders. Er hat wache, hellwache Sinne, und er registriert die Abweichung vom Normalen untrüglich, aber nicht um das Wunder zu finden, sondern jede Abweichung ist verdächtig. Statt daß er wie ein deutscher Romantiker sagt: ›Dahinter ahne ich ein wunderbares Geheimnis‹, sagte er skeptisch englisch: ›There is something fishy about it. Etwas faul im Staate Dänemark.‹ Ja, der Detektiv ist geradezu der Antipode des romantischen Künstlers. Hoffmann beginnt mit der banalen Oberfläche und findet dahinter das Wunder. Dem Detektiv wird dagegen zuerst ein Wunder vorgelegt, der Detektiv schnüffelt mißtrauisch daran herum, denn wenn es etwas gibt, woran er nicht glaubt, dann ist es das Wunder. Er phantasiert also nicht tagelang gefesselt in den Straßen herum irgend etwas zusammen, sondern er analysiert kritisch distanziert.«

Gerber: Verbrechensdichtung und Kriminalroman. In: Neue Deutsche Hefte H. 111 (3/1966) S. 101–117. Hier zitiert nach der revidierten Fassung: Der Kriminalroman II. Hrsg. von Jochen Vogt. München: Fink 1971. S. 417 bis 419

Dietrich Naumann:

»Gegen die Postulierung des Bezugs von Kriminalroman und Demokratie wendet er [Alewyn] ein, daß es in einem Kriminalroman ja nicht die staatlichen Organe seien, die den Täter ausfindig machten, sondern im Gegenteil Privatleute. In der Glorifizierung des Privatdetektivs entfernt sich der Kriminalroman nach Alewyn von der demokratischen Realität. Eben diese Künstlichkeit zeige sich in der Konstruktion des Falles, der mit der empirischen Wirklichkeit nichts zu tun habe. Daher lehnt er auch die These der Herkunft des Kriminalromans aus dem Geist des Positivismus und der exakten Wissenschaften ab. Das Vertrauen in Vernunft und Wissenschaft werde vielmehr untergraben. Der Kriminalroman entspringe im Gegenteil der Romantik. Zu beweisen sucht Alewyn diese These durch E. Th. A. Hoffmanns Novelle ›Das Fräulein von Scuderi‹. Ich zitiere:

›In dieser Geschichte finden wir, neben einigen untergeordneten Motiven die drei Elemente zusammen, die den Detektivroman konstituieren: Erstens den Mord, bzw. die Mordserie am Anfang, und dessen Aufklärung am Ende, zweitens den verdächtigen Unschuldigen und den unverdächtigen Schuldigen, und drittens die Detektion, nicht durch die Polizei, sondern durch den Außenseiter, ein altes Fräulein und eine Dichterin.‹[a]

Die Argumente sind jedoch nicht stichhaltig. Erstens erfolgt die Aufklärung der Morde nicht am Schluß, sondern bereits in der Mitte. Danach werden Schicksale zu Ende geführt, wie ja auch am Anfang nicht der spezifische Fall steht, der Gegenstand der Erzählung ist, sondern zunächst anhand anderer Kriminalfälle ein Sittenbild des damaligen Paris gegeben wird. Zwar ist zweitens der Verdächtige unschuldig und der Schuldige unverdächtig, jedoch aus anderen Gründen als im Kriminalroman. Diese sind dort struktureller Art. Unschuldig ist der Verdächtige nur, weil andernfalls die Pointe des rationalen Spiels verlorengehen würde. Sympathisierende Darstellung seitens des Erzählers spielt keine Rolle. In dem Kriminalroman ›Wer ist der nächste‹ von Ellery Queen zerstört die Entdeckung des Täters das happy end. Unschuldig ist der Verdächtige, weil er verdächtig ist. Anders in der Erzählung Hoffmanns. Hier ist der Verdächtige unschuldig, weil die Heldin ihn aus ihrem *Gefühl* heraus für unschuldig hält. Drittens: die Detektion geschieht nicht durch für den Kriminalroman konstitutive rationale Deduktion, sondern durch Geständnis. Daß Olivier sich der Heldin anvertraut, ist nicht auf ihre Klugheit zurückzuführen, sondern auf ihre Person als ganze sowie auf persönliche Verbundenheit von früher her. Der Gegensatz von Polizei und Detektiv ist nicht der des Kriminalromans. Sicher hat Alewyn recht, wenn er bei der Behand-

[a] Alewyn, Rätsel, S. 130.

lung der Demokratie-These den Gegensatz von Polizei und Detektiv pointiert. Jedoch sind Polizei und Detektiv aufeinander bezogen, sie treten gemeinsam dem Fall gegenüber. Bei Hoffmann dagegen ist der Schrecken, den die Polizei verbreitet, dem der Verbrechen durchaus gleichrangig. Daher unterscheidet sich auch der Detektiv von der Polizei nicht so sehr intellektuell als charakterologisch. Polizei und Verbrechen stehen gegen den Detektiv. Alewyn stellt das Verhältnis von Polizei und Detektiv dem romantischen Gegensatz von Philister und Künstler an die Seite. Während sich jener mit der Oberfläche des Lebens zufrieden gebe, werde sie für diesen bedeutend, auf einen verborgenen Sinn verweisend. Alewyn zitiert einen Satz von Novalis: ›Alles Äußere ist ein in Geheimniszustand versetztes Inneres.‹[b] An anderer Stelle heißt es: ›Wie der Detektivroman so hat die Romantik die Wirklichkeit gesehen: eine alltägliche und friedliche und – trügerische Oberfläche, darunter aber Abgründe von Geheimnis und Gefahr.‹[c] Dieser immanente Widerspruch, indem einerseits die Welt aufschlüsselbar ist, andrerseits ins Geheimnis mündet, ist nicht zufällig.

Das erwähnte Novalis-Zitat lautet nämlich vollständig: ›Das Äußre ist ein in Geheimniszustand erhobnes Innre – (Vielleicht auch umgekehrt).‹[d] An anderer Stelle heißt es: ›Das Unbekannte, Geheimnisvolle ist das *Resultat* und der *Anfang* von allem.‹[e] Im Kriminalroman dagegen steht das Geheimnis des Anfangs nicht auch am Ende, sondern ist im Gegenteil von vornherein als prinzipiell lösbar konzipiert. Das Geheimnis des Endes taucht erst im modernen Kriminalroman auf, etwa als ›vollendetes Dilemma‹ in Stanley Ellins Geschichte ›Der Augenblick der Entscheidung‹. Das dialektische Verhältnis von Geheimnis und Offenbarung in der Philosophie der Frühromantik wird im Kriminalroman zu einem einlinigen.

Daher kann von einer Herkunft des Kriminalromans aus der Romantik statt aus dem Positivismus und Rationalismus nicht die Rede sein. Der Fehler liegt in der Gleichset-

[b] Ebd. S. 133.
[c] Ebd. S. 134.
[d] Novalis: Werke, Briefe, Dokumente. Heidelberg 1957. Bd. 2. S. 43.
[e] Ebd. S. 472.

zung von Positivismus und Rationalismus. Beide sind zwar aufeinander bezogen, aber nicht identisch.«

Naumann: Zur Typologie des Kriminalromans. In: Studien zur Trivialliteratur. Hrsg. von Heinz Otto Burger. Frankfurt a. M.: Klostermann 1968. S. 238–240

Rainer Schönhaar:

»Ein besserer Einblick in die Konstruktion der Erzählung nach dem Muster des Kriminalschemas scheint möglich, wenn man statt des Goldschmieds und der schrittweisen Enthüllung seiner Verbrechen Gestalt und Funktion der Titelheldin in Betracht zieht. [...]
Entscheidend für Deutung und Wertung der Novelle ist dabei zunächst das geringe Verständnis, mit dem das Fräulein dem Künstlertum und der eng damit verbundenen Not des verbrecherischen Goldschmieds begegnet. Nur einmal, und zwar noch ehe sie ihn selbst kennenlernt, zeigt sie sich davon betroffen, als sie seine Kunst erkennt und anerkennt, indem sie ›die wundervolle Arbeit des Halsschmucks‹ [19,28 f.] lobt, den ihr der geheimnisvolle nächtliche Besucher ins Haus gebracht hat; dann aber, da ›die Brillanten [...] in rötlichem Schimmer aufblitzten‹ [21,3–5], wird sie der Gefahr inne, die von ihnen ausgeht, und, ›voll Entsetzen‹ [21,6] zurückschreckend, befiehlt sie, ›das fürchterliche Geschmeide, an dem das Blut der Ermordeten klebe, augenblicklich fortzuschaffen‹ [21,6–8]. Schon mit dieser zurückweisenden Gebärde zeigt sie sich dem Anspruch nicht gewachsen, den Cardillac insgeheim an sie stellte, als er ihr den Schmuck zudachte; sagt er als Erklärung dafür doch, wie man später erfährt: ›Jetzt ist es mir, als wenn ich der Tugend und Frömmigkeit selbst demutsvoll ein Opfer bringe und wirksame Fürsprache erflehe, indem ich der Scuderi den schönsten Schmuck sende, den ich jemals gearbeitet‹ [60,27–30]. Wie immer man eine solche Verlagerung des Gedankens der Fürbitte und der stellvertretenden Entsühnung vom Religiösen auf den Menschen allein und auf die Kunst beurteilen mag, der Gedanke selbst verrät doch, welch große Hoffnungen Cardillac in die Dichterin setzt. Im Verlauf des Geschehens nimmt ihre Aufgeschlossenheit dafür jedoch eher ab als zu. Während

der ersten und einzigen Begegnung der beiden in den Gemächern der Maintenon weist sie den Schmuck abermals von sich, und nach dem überstürzten Abschied des Goldschmieds ergibt sie sich bald dem ›sprudelnden Strom tausend lustiger Einfälle‹ [28,17 f.], d. h. einer unverbindlich verspielten Ironie, aus der heraus sie ihr Verhältnis zu Cardillac und alles, was er davon erwartet, verspottet als ›das unerhörte Beispiel einer dreiundsiebzigjährigen Goldschmiedsbraut von untadeligem Adel‹ [28,20 f.]. Auch fruchtet es wenig, daß sie vorübergehend ›alles lachenden Scherzes ungeachtet, doch wieder sehr ernst‹ [28,27 f.] wird und ›hinter diesem allem irgendein grauenvolles entsetzliches Geheimnis‹ [29,1–3] vermutet, denn noch am gleichen Abend zieht sie sich Cardillac gegenüber endgültig auf den schicksallosen Bereich höfischer Tändelei zurück, indem sie ›auf Kosten Meister Renés‹ [29,19] die Begegnung mit ihm ›in gar anmutige Verse‹ [29,16 f.] bringt. Damit hat sie für ihr Teil das Problem Cardillacs, sein aus dem Künstlertum hervorgehendes Verbrechertum, poetisch verflüchtigt und gleichsam eskamotiert, was als ›Schuld‹ zu bezeichnen[a] angesichts der geringen Tiefe der Gestalt allerdings zu anspruchsvoll wäre. Im weiteren Gang des Geschehens ist es dann nur folgerichtig, wenn die Scuderi bei den Enthüllungen des jungen Brusson über Wesen und Geschick seines Meisters keinerlei Anteilnahme mehr an ihm verrät, weder durch Wort noch Gebärde, und wenn sie ihren Entschluß, Cardillacs Geschmeide doch noch so ›zu tragen‹, wie er es von ihr erhofft hat [27,8], nicht um seinetwillen faßt, sondern nur, damit sie das Anliegen ihrer beiden Schützlinge Olivier und Madelon geschickt bei Hofe vorbringen kann, denn sie selbst hat sich – so erklärt sie dem König auf seine Erinnerung an ihr früheres Scherzwort von der ›dreiundsiebzigjährigen Goldschmiedsbraut‹ [28,20 f.] – inzwischen ›ganz losgesagt von diesem Goldschmied‹ [70,22] und ihn in seiner Not allein gelassen.[b]

[a] So H. Himmel, Schuld und Sühne der Scuderi. Zu Hoffmanns Novelle, in: MHG [Mitteilungen der E. T. A. Hoffmann-Gesellschaft] 7 (1960) S. 1–15, bes. S. 5 f.

[b] Anders, nämlich als ›Sühne‹ der Scuderi für ihre ›Schuld‹ gegenüber Cardillac deutet den vorliegenden Abschnitt Himmel, MHG 7 (1960), S. 12–14. Es wäre immerhin möglich, daß diese Deutung den Intentionen des Dichters gerecht würde; entscheidend für Verständnis und

Genauso wie wir ohne aktive Anteilnahme der Titelgestalt Einsicht in die Geheimnisse um Cardillacs Künstler- und Verbrechertum gewinnen, trägt sie auch nur wenig zur Aufklärung seines rätselhaften Todes bei. Die wachsende Betriebsamkeit, die sie gegen Ende der Novelle zugunsten Madelons und Oliviers entfaltet, gilt lediglich der Entlastung der beiden, und selbst der Erfolg, der ihr schließlich beschieden ist, weist sie keineswegs als umsichtige Amateurdetektivin aus, denn gerade der detektivische Haupteffekt, die Entlarvung des wahren Täters anstelle des verdächtigten Unschuldigen, geschieht ohne alles Zutun der Scuderi, indem dieser Täter, der Graf von Miossens, sich selbst stellt und damit das Fräulein ebenso überrascht wie den Leser.
Wenn somit auch der Versuch, von der Titelheldin her Einblick in die Formstruktur des Werkes als eines erzählkünstlerischen Analogons zur trivialen und unterhaltenden Detektivgeschichte zu gewinnen, nicht sehr viel weiterführt als unser erster Ansatz, der von Cardillac als der Verbrechergestalt der Novelle ausging, so bleibt eines doch festzuhalten: die erzähltechnische Schlüsselstellung, die das Fräulein von Scuderi einnimmt, indem alle dargestellten Ereignisse uns vorwiegend unter ihrer Perspektive erscheinen.«

Schönhaar: Novelle und Kriminalschema. Ein Strukturmodell deutscher Erzählkunst um 1800. Bad Homburg v. d. H. / Berlin / Zürich: Gehlen 1969. S. 20–23. 

Zdenko Škreb:

»Nun hat Alewyns Auffassung sehr entschiedene Abweisung erfahren[a] – aber da auch Naumann nicht alles vorgebracht hat, was gegen Alewyns Behauptung spricht, muß sie noch einmal gründlich erörtert werden. E. T. A. Hoffmanns Erzählung ›Das Fräulein von Scuderi‹, zuerst ge-

Beurteilung des Werkes in seiner uns vorliegenden Gestalt ist jedoch, daß solche möglichen Intentionen in der Handlungsführung und im Wortlaut des Textes nicht zum Ausdruck, geschweige denn zum Tragen kommen; ähnlich auch Köhn, Studien zur deutschen Literatur 6, S. 157, Anm. 14, der seinerseits über das Verhalten der Scuderi gegenüber dem Goldschmied feststellt: ›Mit keinem Wort ist davon die Rede, daß sie von dem besonderen Schicksal Cardillacs etwas begreift.‹

[a] Vgl. Naumann, Typologie, S. 238 f.

druckt in Schützes in Frankfurt/Main herausgegebenem ›Taschenbuch für das Jahr 1820‹, dann eingefügt in den sechsten Abschnitt des in Berlin 1820 erschienenen dritten Bandes von Hoffmanns ›Serapions-Brüdern‹,[b] wird im Gespräch der Freunde ausdrücklich eingeleitet als historische Erzählung: ›„Wir haben", sprach Sylvester,[c] „soeben an Voltaire gedacht, ihr möget daher, meine teuren Serapions-Brüder, an sein ‚Siècle de Louis XIV' und an dies Zeitalter überhaupt selbst denken, aus dem ich die Erzählung entnommen . . ., Sylvester las: Das Fräulein von Scuderi. Erzählung aus dem Zeitalter Ludwig des Vierzehnten."‹ Gleich im zweiten Satz des nun folgenden Textes der Erzählung bestimmt Hoffmann die Zeit der Erzählung sehr genau: ›Spät um Mitternacht – es mochte im Herbst des Jahres 1680 sein – . . .‹ Auch Alewyn erwähnt diesen Umstand. Aber gerade da stutzen wir. *Kann eine historische Erzählung als Detektivgeschichte angesprochen werden? Gehört es nicht zum Wesen der Detektivgeschichte, daß sie nur als epische Gestaltung einer unmittelbaren Gegenwart auftreten kann?* Poes ›Murders in the Rue Morgue‹ werden 1841 veröffentlicht als Ich-Erzählung, worin das epische Geschehen als persönliches Erlebnis des Erzählers vorgetragen wird, sein Erlebnis, vorgefallen während seines Aufenthaltes in Paris ›during the spring and part of the summer of 18 –‹. Das Jahr wird zwar nicht genau angegeben, da es sich aber um eine Ich-Erzählung handelt, die keineswegs als Jugend-Erlebnis eines Gealterten aufgefaßt werden soll, genügt die zeitliche Angabe durchaus, um die epische Zeit als unmittelbare Gegenwart anzudeuten. In der Erzählung ›The Purloined letter‹ ist es nun ›the autumn of 18 –‹, und ›The Mystery of Marie Rogêt‹ ist ja ohnehin in allem und jedem unmittelbare Gegenwart. Conan Doyle geht noch weiter. Sein Watson, als Ich-Erzähler des Romans ›A Study in Scarlet‹ gibt als Jahr seiner Doktor-Promotion genau 1878 an – der Roman selbst war 1887 erschienen. Wenn die beiden bedeutenden und als solche allseits anerkannten Vertreter der Detektivgeschichte eine ausdrückliche Datierung ihres epischen Berichtes auf die Gegenwart

[b] Vgl. v. Maassens Hist.-krit. Ausgabe, München/Leipzig, VII, 1914, S. 301 f.
[c] Ebd. S. 167 f.

als notwendig erachten, so muß die Forschung sich doch die Frage vorlegen, ob Geschehen in der Gegenwart nicht zum Wesen der Detektivgeschichte gehört. Es soll später gezeigt werden, daß es sich tatsächlich so verhält. *Eine historische Erzählung kann keine Detektivgeschichte sein* und umgekehrt: *ein Erzähler von Detektivgeschichten wird seine Erzählung nicht in die Vergangenheit verlegen.*«

Škreb: Die neue Gattung. Zur Geschichte und Poetik des Detektivromans. In: Der wohltemperierte Mord. Hrsg. von Viktor Žmegač. Frankfurt a. M.: Athenäum Verlag 1971. S. 56 f. © Akademische Verlagsgesellschaft Athenaion, Wiesbaden

Horst Conrad:

»Über die Entstehung detektorischen Erzählens gibt es bisher zwei unterschiedliche, sich widersprechende Ansichten. Richard Alewyn[a] und Rainer Schönhaar[b] führen es auf literarische Schemata der Romantik zurück, die Mehrzahl anderer Forscher auf Denkansätze der Aufklärung und des Positivismus.[c] Das Schwergewicht der zweiten These beruht darauf, zu zeigen, daß detektorisches Erzählen nicht entstehen konnte ohne außerliterarische historische Voraussetzungen, wie die Justizreformen des 18. und 19. Jahrhunderts mit der Abschaffung des peinlichen Gerichtsverhörs, der Ausbildung des Indizienverfahrens und der damit ver-

[a] Alewyn, Rätsel, S. 135 f., und Alewyn, Hoffmanns Erzählungen als Krimis?, in: Die Zeit, Nr. 46 vom 14. 11. 1969, S. 35.
[b] Schönhaar, Novelle, S. 47.
[c] Dies ist bereits die These der Habilitationsschrift von Messac, Regis, Le ›Detective Novel‹ et l'Influence de la Pensée Scientifique, Paris 1929. Messac gesteht zwar zu, daß Erzählformen des pikarischen Romans, des ›roman noir‹, der Indianergeschichten Coopers und der ›dime novel‹ literarische Formeln der Detektiverzählung vorgeformt hätten, doch sei ohne den ›esprit scientifique‹ positivistischen Denkens eine vollgültige Detektivgeschichte nicht vorstellbar (S. 651 ff.). Ludwig, Albert, Die Kriminalerzählung und ihre Träger, in: GRM, XVIII, 1930, S. 57 bis 72 und S. 123–134, stellte dann den Anteil der Aufklärung bei der Ausbildung detektorischen Erzählens als maßgebend hin. Erst dem Humanitäts-Optimismus der Aufklärung sei das Verbrecherische ein Problem geworden, dem man sich theoretisch widmen mußte (S. 58). Neuerdings hat Jeske, Jürgen, Mord, broschiert, ist gut verkäuflich, in: Frankfurter Allgemeine Zeitung vom 31. 12. 1971, Nr. 303, S. 13, die Detektivgeschichte als Kind der Aufklärung und des Positivismus hingestellt, weil bei der Erzählung des Grauenhaften nicht, wie in der Romantik, die bloße Schilderung sondern dessen logische Durchleuchtung triumphiere.

bundenen Ausbildung spezialisierter Polizeiorganisationen. Folgt man dagegen der ersten These, ist man mit Alewyn gezwungen, bei der Ausbildung detektorischen Erzählens rechtshistorische Voraussetzungen in Abrede zu stellen[d] und innerliterarisch zu argumentieren. Alewyn verweist so auf die romantische Künstlergestalt, die hinter trivialer Vordergründigkeit stets das Wesentliche suche, als den Vorläufer des Detektivs und auf das Schema des Geheimnisses und seiner Lösung, das die ›gothic novel‹ vorgebildet habe. Für Schönhaar sind historische Gegebenheiten nur ›symptomatische Parallelerscheinungen ... nicht aber Voraussetzungen und Ursache des Erzählschemas‹ der Detektivgeschichte, er sieht es daher als zwingende Aufgabe an, alle Formgesetze des ›Kriminalschemas‹ aus der Dichtung selbst zu entwickeln.[e] [...]

Das Geheimnis, das es zu ermitteln gilt, gruppiert sich um die rätselhafte Dämonie eines menschlichen Charakters, dessen Tatmotive einer rationalisierbaren Ursache entbehren. Der Passage, die Cardillacs kriminellen Charakter aus den Begleitumständen seiner Geburt erklären soll, ermangelt es daher einer objektivierenden Erzählhaltung. Es heißt: ›Weise Männer sprechen viel. ... Von meiner Mutter erzählte man mir eine wunderliche Geschichte‹ [55,4–8]. An die Stelle der Konstituierung eines Rätsels aus dem Faktischen tritt naturphilosophische Spekulation: die Begierde der Mutter nach Diamanten verändert in unbegreiflicher Weise die Psyche des Neugeborenen. Cardillac spricht infolgedessen von seinem ›bösen Stern‹, der in ihm ›eine der seltsamsten und verderblichsten Leidenschaften entzündet‹ hat [56,6–8]. Ein solcherart ›psychopathologisch‹ motiviertes Rätsel aber entzieht sich kriminaltechnischer Rationalisierung. Der Kriminalfall in der Erzählung thematisiert in transparenter Weise die menschliche Natur als etwas Unenträtselbares.[f] ›Obsessive and profitless killing‹[g] ist kaum

[d] Alewyn, Rätsel, S. 120–122, S. 124.
[e] Schönhaar, Novelle, S. 44.
[f] Marsch, Edgar, Die Kriminalerzählung, Theorie – Geschichte – Analyse, München 1972, S. 74, sieht darin den wesentlichen Unterschied bei der literarischen Behandlung eines Rechtsfalles in der Romantik im Vergleich zur späteren Detektivgeschichte.
[g] Ellis, J. M., E. T. A. Hoffmann's ›Das Fräulein von Scuderi‹, in: The Modern Language Review, 64, 1969, S. 340–350, S. 349.

mit detektivischer Spurenlese beizukommen. Das, was die Scuderi in Erfahrung bringt, steht daher auch zu den Indizien und Materialien des reinen Tathergangs in einem gänzlich untergeordneten Verhältnis. Bei der Aufdeckung des verborgenen Lebens Cardillacs hat das ›Detektorische‹ nur den Stellenwert einer inneren literarischen Erfahrung. Der steigenden Einsicht in die Kunstbesessenheit der Morde Cardillacs geht die Einsicht der Scuderi in die Hybris ihrer eigenen Kunstmaxime einher. Einem gewandelten Kunstverständnis und nicht etwa untrüglichen materiellen Indizien verdankt der unschuldig Verdächtigte, Olivier Brusson, seine Rettung. Die poetische Schilderung des Fräuleins über den Tathergang, der im bewußten Gegensatz zur Hofpanegyrik erlebte Erfahrung zugrunde liegt, stellt die Weiche. ›Mit immer steigendem und steigendem Interesse begannen nun die Szenen mit la Regnie – mit Desgrais – mit Olivier Brusson selbst. Der König, hingerissen von der Gewalt des lebendigsten Lebens, das in der Scuderi Rede glühte, gewahrte nicht, daß von dem gehässigen Prozeß des ihm abscheulichen Brussons die Rede war, vermochte nicht ein Wort hervorzubringen, konnte nur dann und wann mit einem Ausruf Luft machen der innern Bewegung‹ [70,33 bis 71,3].

Mehr mit den Mitteln poetischer Suggestion als mit denen der Detektion unternimmt es die Scuderi, den König zu überreden. Die materiellen Beweise für die Unschuld Brussons sind der Überredungskunst des Fräuleins dann auch nur nachgeordnet: über das eigentliche Ermittlungsverfahren berichtet der Erzähler aus der Perspektive Dritter, auf der Ebene des Gerüchteerzählers [73,3–74,8]. Das, was der späteren Detektivgeschichte Kontur geben sollte, die Ermittlung des Täters an Hand von Indizien und Aussagen, wird in Hoffmanns Erzählung ganz sekundär. Das im bewußten Gegensatz zu den mechanischen Regeln der Aufklärungspoetik gezeichnete Rätsel um die dämonische Kehrseite romantischer Kunstauffassung bindet das Kriminalrätsel. Dabei wird es erzählerisches Anliegen zu zeigen, wie die von den Justizreformen der Aufklärung erbrachten Ermittlungsmethoden angesichts eines derartigen Tatbestandes versagen. [...]

Das Schema Verbrechen und seine Aufklärung, für das das

Zeitalter der Ratio innovierend den Primat des Indizienbeweises, des sachlichen Verhörs und der ›Ocularinspektion‹[h] vor das poenale Gerichtsverfahren setzte, wird in der Erzählung einem Verbrechen konfrontiert, das sich jeglicher Rationalisierung entzieht. Svarez' Neuordnung des Kriminalprozesses liegt die Auffassung zugrunde, daß ein Verbrechen eine Handlung gegen die naturrechtlich gegebene Ordnung der Ratio darstelle. Vernunft aber sei die unveräußerliche Vorbedingung für die menschliche Glückseligkeit. Es sei daher unmöglich, daß ein Mensch etwas gegen seinen vorbestimmten Zweck, ›wider die Gesetze der Vernunft und wider den Zweck seiner Glückseligkeit‹ wolle. Dies sei ein ›Irrtum des Verstandes‹. Der ›Gebrauch der Vernunft zur Erkenntnis der Wahrheit ist ein inalienables Recht‹.[i] Ist ein Verbrechen lediglich ein ›Irrtum des Verstandes‹ oder eine ›widerrechtliche Beleidigung‹[j] einer auf die Ratio gegründeten Staatsordnung, hat es nur den Stellenwert der ›unbewachte(n) Vernunft‹[k], so liegt der Schluß nahe, daß eine derart durch das Verbrechen gestörte Ordnung quasi durch den sich selbst demonstrierenden Verstand wiederhergestellt werden kann. Dem dient die theoretische Rationalisierung des Kriminalprozesses.[l]
Bei Anselm Ritter von Feuerbach geht dieser Selbsterweis der Ratio im Kriminalprozeß dann dahin, daß ein Verbrechen nur Kontur erhält aus der Zuwiderhandlung gegen die im Gesetz enthaltene Strafandrohung.[m] Es ist daher nicht psychologisch oder moralisch zu werten, sondern allein Ausfluß ›unbewachte(r) Vernunft‹. Keinerlei psychische

[h] Vgl. dazu Feuerbach, Anselm Ritter von, Lehrbuch des gemeinen in Deutschland gültigen Rechts (1801), Gießen [10]1828, § 574, S. 374: Die ›Ocularinspektion‹ ist die ›Erforschung der sinnlich gegebenen Merkmale eines Gegenstandes durch eigene Sinnenerkenntnis des Richters. Als unmittelbare Erkenntnis hat sie den Rang vor allen denen Beweismitteln, welche nur eine mittelbare Erkenntnis gewären.‹

[i] Svarez, Carl Gottlieb, Von dem Privat- oder Bürgerlichen Rechte überhaupt (1791/92), in: Vorträge über Recht und Staat, Hrsg. Hermann Conrad und Gerd Kleinheyer, Köln-Opladen 1960, S. 215–222, S. 217 f.

[j] Svarez, Über das Kriminalrecht, in: Vorträge, S. 374–398, S. 375.

[k] Rezension zu Feuerbachs ›Aktenmäßige Darstellung merkwürdiger Verbrechen‹, in: Allgemeine Literaturzeitung, Jena, Nov. 1829, Nr. 207, Sp. 369–376, Sp. 375.

[l] Svarez, Grundsätze des Kriminalprozesses, in: Vorträge, S. 418–429.

[m] Feuerbach, Lehrbuch, § 21.

Abnormität oder soziales Fehlverhalten kann zum Abwägen der Tat vorgebracht werden, sondern einzig die Mißachtung der im Gesetz enthaltenen Strafandrohung. Feuerbach kennt daher lediglich eine ›Tatschuld‹, keine ›Charakterschuld‹.[n] In seiner Darstellung berühmter Kriminalfälle dehnt er dann auch konsequent die rationale Meßbarkeit der Tat bis in das heute als psychopathologisch Erkannte aus. Die Psychologie sei etwas, ›das gemeiniglich entweder ganz außerhalb der Grenzen streng richterlicher Beurteilung liegt oder höchstens nur nebenbei und in einzelnen Punkten ihren Gesichtskreis berührt‹.[o] Schroff wendet sich Feuerbach auch gegen die psychiatrisch-medizinische Gutachtertätigkeit bei Prozessen: ›Die medizinische Fakultät kommt dem Verbrechen zu Hilfe.‹[p]

Auf dem Hintergrund dieser zeitgenössischen Prozeßanschauungen zeichnet die Erzählung des Juristen Hoffmann das konträre Bild eines psychopathologischen Verbrechens, wobei es erzählerisches Anliegen wird, gerade das Versagen der von den Justizreformen der Aufklärung erbrachten Methoden angesichts eines derartigen Tatbestandes aufzuzeigen. Die Möglichkeit der rationalen Aufklärung eines Verbrechens wird ins Negative verkehrt. Dies wird um so mehr ersichtlich, als die Freilassung des unschuldig Verdächtigten in Hoffmanns Erzählung nur mit Hilfe eines von den preußischen Justizreformern aufs schärfste bekämpften Mittels geschieht, dem königlichen ›Machtspruch‹.[q] Einzig dem Majestätsrecht, dem unmittelbaren

[n] Feuerbach, Anselm Ritter von, Revision der Grundsätze und Grundbegriffe des positiven peinlichen Rechts, 2 Teile, Erfurt 1799 f., § 5. Es wäre verfehlt, Prinzipien, ›die sich blos auf die *Denkungsart* und den *intelligiblen Charakter* des Menschen beziehen, in das peinliche Recht, das auch nicht ein Wort über die Denkungsart des Menschen zu sagen hat, hinüber zu pflanzen‹ (Teil II, § 365). Strafrechtliche Meßbarkeit der Schuld ergibt sich nicht aus der moralischen Verfehlung und nicht aus der Gefährlichkeit der Tätergesinnung, sondern allein aus der bewußten Verletzung der Rechtsordnung (Teil I, § 27 und § 34).

[o] Feuerbach, Anselm Ritter von, Aktenmäßige Darstellung merkwürdiger Verbrechen, 2 Bd., Gießen 1828 f., Bd. I, S. IX.

[p] Feuerbach, ibid., S. 377.

[q] Vgl. dazu Conrad, Hermann, Rechtsstaatliche Bestrebungen im Absolutismus Preußens und Österreichs am Ende des 18. Jahrhunderts, in: Arbeitsgemeinschaft für Forschung des Landes Nordrhein-Westfalen, Heft 95, Köln-Opladen 1961, S. 23. Vgl. dazu auch Svarez, Allgemeine Grundsätze des Rechts, in: Vorträge S. 236.

Eingriff des Herrschers in die Rechtsprechung, verdankt Brusson seine Entlassung.
Suchte die Justizreform der Aufklärung die Angst vor dem Verbrechen durch eine systematische Erfassung zu bannen, so zeichnet der Erzähler des ›Fräulein von Scuderi‹ geradezu das Aussetzen der Ratio vor dem Unheimlichen eines irrationalen Verbrechens.«

Conrad: Die literarische Angst. Das Schreckliche in Schauerromantik und Detektivgeschichte. Düsseldorf: Bertelsmann 1974. (Literatur in der Gesellschaft. Bd. 21.) S. 105, 109 bis 111.

Richard Alewyn:

»Nachwort 1974: Meine These, daß die erste Detektivgeschichte von E. T. A. Hoffmann verfaßt worden ist, hat mehr Widerspruch gefunden als Zustimmung, besonders, weil das Fräulein von Scuderi für einen Detektiv nicht aktiv und planmäßig genug verfahre. Das stimmt und ist oben angedeutet. Aber auch E. A. Poe hat keine einzige komplette Detektivgeschichte verfaßt. In den stets als Muster ausgegebenen ›Murders in the Rue Morgue‹ fehlt – der Mörder. Denn ein wild gewordener Orang Utan kann keinen Mord begehen, sondern nur einen Totschlag. Das festzustellen ist keine Spitzfindigkeit. Denn zu einem Mord gehört ein Motiv und ein Plan, in der Detektivgeschichte die wichtigsten Faktoren, die es erlauben, dem Täter auf die Spur zu kommen. Außerdem ist hier das Motiv des verdächtigen Unschuldigen zwar vertreten, aber völlig peripher. In Poes ›The Purloined Letter‹ geht es nicht um einen Mord, sondern ein entwendetes Dokument. In ›The Murder of Marie Rogêt‹ wird eine Hypothese aufgestellt, die nie verifiziert wird, denn der Mörder bleibt unentdeckt. In ›Thou Art the Man‹ schließlich fehlt der unbeteiligte Detektiv. Der unschuldig Verdächtigte entdeckt selbst den Täter.«

Alewyn: Ursprung des Detektivromans. In: R. A., Probleme und Gestalten. Frankfurt a. M.: Insel Verlag 1974. S. 359 f.

Die gattungstheoretischen Erörterungen um die Erzählung »Das Fräulein von Scuderi« als Kriminalgeschichte sind jedoch um vieles älter als der gegenwärtige Disput. Régis

Messac in seiner Arbeit »Le ›Detective Novel‹ et l'Influence de la Pensée Scientifique« (Paris 1929) geht auf Hoffmanns Erzählung ein. Viele andere Stimmen folgen. Hier zwei Beispiele der älteren Literaturforschung.

Margot Kuttner:

»Es gehört zum Wesen der *Kriminalgeschichte*, daß der Erzähler mit einem Geheimnis, das mit dem Verbrechen in bestimmtem Zusammenhang steht, hinter dem Berg hält und dadurch den Leser irreführt. Von diesem Geheimnis her, das er allein kennt, also von einem von ihm selbst geschürzten Knoten aus, konstruiert er rückwärts allerlei Scheinwege, falsche Verdächte und ungerechte Anschuldigungen, durch die er den Leser auf falsche Fährten lockt. Dieses Geheimnis nun, von dem aus Hoffmann hier eine solche Kriminalgeschichte entwickelt, ist die moralische Spaltung eines Individuums, das Auseinanderfallen einer Persönlichkeit in ein gutes und ein böses Ich. Im ›Fräulein von Scuderi‹ baut Hoffmann das Motiv des gespaltenen Ich also ein in die Welt des gesellschaftlichen Lebens. Die Problematik der Ich-Spaltung entwickelt sich hier und bekommt erst ihre Schärfe durch den Zusammenstoß des Ich mit den Gesetzen, die das Zusammenleben der Menschen regeln, mit den bürgerlichen Normen, nicht aber, wie in den bisher betrachteten Geschichten, aus der Beziehung des einzelnen Menschen zu seinem Ich.«

Kuttner: Die Gestaltung des Individualitätsproblems bei E. T. A. Hoffmann. Diss. Hamburg 1936. S. 35

Marianne Thalmann:

»Die Geschichte beginnt als eine richtige Kriminalgeschichte um Mitternacht, um eine bedrohliche Zeit und mit einem Ereignis, das bedrohlich erscheint. Ein junger Mann, in einen weiten Mantel gehüllt, drängt sich in das Haus von Fräulein von Scuderi. Mit dem Stilett in der Hand versucht er den Zutritt zu ihr zu erzwingen, flieht vor der lärmenden Polizei und hinterläßt ein Kästchen, in dem sich ein kostbarer Schmuck und eine Mitteilung von den ›Unsichtbaren‹ findet.[a] So gesellt sich zu Zeit und Ereignis

[a] M. Thalmann, Der Trivialroman und der romantische Roman (Ber-

auch ein bedrohlicher menschlicher Emissär der gefürchteten Untergrundmächte. Diese beunruhigende Vermutung, daß wir einem gefährlichen Individuum begegnet sind, wird späterhin durch die Episode auf Pont Neuf verstärkt, wo dieser selbe hagere Fremde sich an das Fräulein herandrängt und eine Warnung im Zusammenhang mit dem Schmuck hinterläßt. Unseren Verdacht unterbaut Hoffmann überdies gleich zu Anfang durch einen ernsthaften und ausführlichen Tatsachenbericht über die Pariser Kriminalität und über das neueste Polizeiproblem: Mord und Juwelenraub. Damit ergibt sich für den Untersuchungsrichter die unvermeidliche Frage: Wer ist der Mörder? Was ist das Motiv? Damit ist auch eine richtige Kriminalgeschichte in ihren Grundzügen aufgestellt. In der Mitte der Erzählung von planvollen Raub- und Mordtaten erfolgt der eine Mord, der den verdächtigen Fremden unweigerlich unter Anklage stellt. Er wird neben dem ermordeten Meister Cardillac angetroffen, er ist der Letzte, der ihn gesprochen hat und er behauptet, einen Mörder auf der Flucht gesehn zu haben. Der junge Olivier Brusson, der entlassene Gehilfe des Ermordeten, der unwillkommene Liebhaber seiner Tochter, ist vom Standpunkt der Polizei der logische Täter. Er hat Motiv, er hat Gelegenheit. Die bürgerliche Welt kann ihn nicht entlasten. Es kommt zu einem Indizienprozeß, in dem der Angeklagte jedes Geständnis verweigert, in dem er mangels abschließender Beweise durch einen Gnadenakt des Königs frei geht, aber das Land sofort zu verlassen hat. Er bleibt vor der Welt ein bemakelter Mann und das Ganze ist vom Standpunkt der Polizei ein niedergeschlagener aber durchsichtiger Fall. E. T. A. Hoffmann biegt die Kriminalgeschichte um den unschuldigen Olivier am Schluß in eine gnadenreiche Liebesgeschichte um, die den Leser am Familientisch versöhnt. Das ist Unterhaltungsliteratur.

Anwalt des Unschuldigen ist die Scuderi, das ältliche Fräulein aus der Straße St. Honoré. Sie ist auch der Detektiv auf der Suche nach dem wahren Mörder. Es ist nicht berufsmäßiges Aufdecken der Vorgänge, sondern ein seh

lin 1923), 258: Die romantische Dichtung kennt noch alle Spielformen geheimer Gesellschaften und benutzt Teile ihrer Terminologie in neuer Ausdeutung. Hier ist der Begriff ›geheime Obere, Unbekannte, Unsichtbare‹ ins Kriminelle übertragen.

damenhaftes Abhören von Konfessionen, die ihrer altjüngferlichen Sanftmut zufliegen. Von ihr aus wird der Fall auf einem zweiten Geleise entwickelt. Sie beweist dem König die Unschuld Oliviers. Sie löst für uns die Frage – wer ist der Mörder – durch die Geschichte eines menschlichen Geheimnisses um den Goldschmied Cardillac, die nie ins Publikum dringt. Es ist die Geschichte von eisigen Einsamkeiten um die Meisterschaft eines Großen, eine Geschichte ohne Duft aber voll Gewalt, die ihrer eigenen sanften Welt fern liegt, die ihr aber die Lippen schließt; denn die Dichterin des preziösen Verschens verstand noch etwas von dem heroisch galanten Einsatz der heftigen Herzen, ohne daß sie den Biedermann beunruhigen möchte. Die endgültige Antwort aber auf die Frage – wer ist der Täter – erfolgt aus dem Sittengesetz des Meister Cardillac. Die Antwort ist gewagt und die Lösung ist neu. Hier endet die Unterhaltungsliteratur.«

Thalmann: E. T. A. Hoffmanns ›Fräulein von Scuderi‹. In: Monatshefte für deutschen Unterricht, deutsche Sprache und Literatur 41 (1949) H. 2. S. 110 f.

# VI. Texte zur Diskussion

Georg Ellinger:

»Cardillac ist einerseits der Künstler, der sich nie genugtun kann, und er ist anderseits unschuldig-schuldig, durch ein unseliges Schicksal schon vor seiner Geburt dem Dämon verfallen, der ihn von Verbrechen zu Verbrechen treibt. Ferner aber beruht der Eindruck auf der ungewöhnlichen Kraft der direkten und indirekten Charakteristik; wie Äußeres und Inneres mit gleicher Sicherheit nahegebracht werden, ersieht man namentlich aus Cardillacs erstem Auftreten [25–28] und seiner erschütternden Beichte [55–60], in der überwiegend durch Vergegenwärtigung äußerer Handlung das Innerste eines zerrissenen, leidenden Gemütes aufgedeckt wird.

Ebenso wie durch die Kraft der Charakteristik wirkt Hoffmann auch durch den zwingenden Aufbau seiner Erzählung. Er läßt René Cardillac nur einmal lebend auftreten; der größte Teil der Novelle spielt sich nach seinem Tode ab. Die Handlung wird in dieser Zeit von ganz anderen Personen getragen, vor allem von dem Liebespaar Olivier und Madelon, und die Teilnahme des Lesers scheint sich auf die Frage zusammenzudrängen, ob es Olivier gelingen wird, seine Unschuld an Cardillacs Ermordung nachzuweisen. Diese Wendung der Erzählung ist mit der Feinheit des Seelenkundigen, dem Scharfsinn und der Sachkenntnis des Juristen entwickelt. Aber trotz der Tatsache, daß der Dichter durch seine Erzählungskunst auch für die jetzt im Vordergrunde stehenden Figuren, vor allen für das Fräulein von Scuderi selbst, die Teilnahme des Lesers zu erwecken weiß – der bedeutende Gesamteindruck wird doch hauptsächlich dadurch hervorgerufen, daß auch der weitere Verlauf der Geschichte sich unter dem Schatten der furchtbaren Persönlichkeit und des grausen Schicksals René Cardillacs vollzieht. Gerade auf diesem düsteren Hintergrunde aber hebt sich das rein Menschliche, Liebenswerte, wie es durch das Fräulein von Scuderi und das Liebespaar vertreten wird, mit besonderer Klarheit und warmer Helle ab. Um das zu erreichen, bedient sich der Dichter jener Technik, die er mit solcher Meisterschaft handhabte, und deren wesentlichstes Ziel darin bestand, die erzählten Ereignisse durch langsame Aufrollung des Vergangenen zu erklären und so die beim Beginn der Novelle geknüpften Knoten allmählich zu lösen.«

Ellinger: Einleitung des Herausgebers. In: E. T. A. Hoffmanns Werke in 15 Teilen. Auf Grund der Hempelschen Ausgabe neu hrsg. von Georg Ellinger. 5. Teil Die Serapionsbrüder I. Berlin/Leipzig/Wien/Stuttgart: Bong [1912]. S. 33 f.

Walther Harich:

»In diesem Stoff aus dem Paris Ludwigs XIV. fand er die letzte Konsequenz daraus gezogen, sein eignes Doppelsein als wohlbestallter Beamter und jeder bürgerlichen Bindung entzogener Künstler zum tragischen Konflikt hochgerissen. Wohl mag der Künstler sein eignes Wesen hinter der Fassade bürgerlicher Wohlanständigkeit verschanzen, dahinter walten andere Mächte und andere Gesetze, die sich über alles Bürgerliche hinwegsetzen. Gerade das künstlerische Gesetz, das nur das Werk als obersten ethischen Wert anerkennt, wirkt im bürgerlichen Leben als Anarchismus, und je treuer der Künstler seinem Gesetz ist, desto größer wird die Spannung zwischen seinem Dasein als Bürger und als Künstler sein. Von dieser Spannung ist Cardillac zerrissen. Er ist ehrlich, solide, fleißig – aber als Künstler, und seine Werkbesessenheit macht ihn im bürgerlichen Leben zum Verbrecher.

Wie kaum ein anderes Werk Hoffmanns ist ›das Fräulein von Scuderi‹ reich an Bewegung und starker Spannung, die um Cardillacs Künstlertum herum gruppiert ist. Der Knoten ist meisterhaft geschürzt, denn die verschlungenen Verhältnisse finden ihre Erklärung eben im Unerklärlichen: in der Künstlerpsyche Cardillacs, die somit ganz stark herausgestellt ist. Das Doppelgesicht Cardillacs steht über allen Begebenheiten, biegt das Schicksal aller mit ihm verbundenen Personen zusammen und herrscht mit eisigem Sphinxlächeln über das bunte Treiben von Paris.

In diesem Konflikt liegt etwas Unauflösbares, das Cardillacs Tochter Madelon und ihren Bräutigam Olivier ins Verderben zu ziehen droht. Für Madelon, die nichts von der Feindschaft zwischen Bürgertum und Künstlertum weiß, muß Cardillacs Verbrechen für immer geheim bleiben. Wenn sie den Vater und Meister vom Verbrechen angefressen fände, würde ihr die Welt zum Eiterherd werden. Olivier aber ist bürgerlich schuldig, weil er, als Zeuge eines unerhört verbissenen Künstlertums, zugleich Zeuge entsetzlicher Verbrechen wurde. In diesen unlösbaren Konflikt muß die Gnade des Königs und das große weibliche Verstehen der untadligen Frau, eben des Fräulein von Scuderi, eingreifen. Von der Gestalt der Scuderi aus rollt Hoffmann die Begebenheiten der Erzählung auf und faßt sie, die sonst den Rahmen einer Novelle zerspringen würden, zusammen.«

Harich: Nachwort. In: E. T. A. Hoffmann, Dichtungen und Schriften sowie Briefe und Tagebücher. Gesamtausgabe in 15 Bdn. Hrsg. von Walther Harich. Bd. 2 Die Meister-Erzählungen. Weimar: Lichtenstein 1924. S. XI f.

Margot Kuttner:

»Der Zwiespalt in Cardillacs Seele aber formt aus diesem einen Körper-Ich scheinbar zwei völlig verschiedene Individuen: den guten, ehrlichen und fleißigen Bürger, der als erster Goldschmied von Paris alle Tugenden eines braven Handwerksmeisters zu vereinigen scheint, und den bösen, wie von einem Gespenst umgetriebenen Mörder, der nachts seinen Opfern auflauert und sie ersticht, um ihnen das von ihm gefertigte Geschmeide wieder abzunehmen, an dessen Gold- und Juwelenglanz sowie an dessen kostbarer Verarbeitung er unwiderstehlich hängt. Dieser letzte Zug, Cardillacs leidenschaftliche Liebe zu dem von ihm selbst gefertigten Kunstwerk verbindet die sonst so gegensätzlichen Hälften seiner Persönlichkeit. Diese Liebe äußert sich auch für diejenigen, die ihn sonst als den braven Bürger kennen, als schrullenhafte Absonderlichkeit (Cardillac übernimmt mit Feuereifer neue Aufträge, ist dann aber nicht zu bewegen, den fertigen Schmuck abzuliefern; bleibt ihm endlich nichts anderes übrig, so wird er grob bis zur Roheit. Ferner: Cardillac verweigert bestimmten Personen hartnäckig, für sie zu arbeiten, und bekennt später, daß es sich dabei um Menschen handelte, deren Tod er nicht auf sich laden wollte). Diese Absonderlichkeiten Cardillacs ziehen sich als Spannung erregende Momente durch die ganze Geschichte, aber die Begründung ihres Sinnes in Cardillacs zwiespältigem Charakter wird von Hoffmann fast bis zum Schluß geheim gehalten. Erst im Moment der Katastrophe, durch die Erzählung von Cardillacs Gesellen Olivier, der beschuldigt ist, nicht nur Cardillac selbst ermordet zu haben, sondern auch an den übrigen, in Wahrheit von Cardillac verübten Morden schuldig zu sein, deckt Hoffmann die Bedeutung jener Seltsamkeiten auf und enthüllt zugleich die Doppelheit der Gestalt Cardillacs.«

Kuttner: Die Gestaltung des Individualitätsproblems bei E. T. A. Hoffmann. Diss. Hamburg 1936. S. 34 f.

Gertrude Joyce Hallamore:

»Anders als bei Thomas Mann bleibt die Hauptgestalt der Erzählung bei Hoffmann lange Zeit im Hintergrund der Handlung. Zwar wird der Leser schon in der packenden Eingangsszene sofort in die gewaltige Spannung geheimnisvoller Mächte gestürzt, doch bleibt es ihm einige Zeit noch unklar, ob es sich nicht um eine gewöhnliche Mordgeschichte handelt. Mit feiner Künstlerschaft weiß Hoffmann diese Spannung noch zu steigern, indem er neben die Schrecktaten der Pariser Unterwelt die graziöse Welt des Hofes stellt, die sich allmählich in der Gestalt der Scuderi mit den geheimen Gewalttaten auf noch unerklärbare Weise verstrickt fühlt. Erst mit dem Tode des Goldschmiedes Cardillac und dem folgenden Bekenntnis des jungen Helden wird es einem klar, worum sich das Ganze handelt. Es ist künstlerisch angebracht, daß diese Entdeckung erst nach seinem Tode geschieht, denn seine Taten wie auch sein gequältes Wesen gehören der Welt der Nacht und des Wahnsinnes. Von Dämonen gepeinigt durchwandelt Cardillac die nächtlichen Straßen von Paris, von einer krankhaften Gier getrieben, die fertigen und schon abgelieferten Kunstwerke seiner Hand noch in seinen Besitz zu bringen. Daß dieser verzweifelte Versuch zum Raub und Mord führen muß, hält ihn nicht von seinem teuflischen Vorhaben zurück. Aber Cardillac ist kein gemeiner Räuber und Mörder. Ihm fehlt jeder logische Antrieb zu seinen Gewalttaten, vielmehr ist er von einem Wahnsinn besessen, der ihn so blendet, daß er die Werke seines Künstlertums für sein Genie selbst hält. So wird seine Kunst zum materiellen Besitz eines Symbols herabgewürdigt. Verzweifelt versucht er sein Genie vor dem Leben zu retten, denn so sehr hat das Ferment seines unsteten Temperaments über jede rationale Erwägung die Oberhand gewonnen, daß die Welt ihm als feindliche Macht erscheint, die ihm sein Ich rauben will. Er wird zum Mörder, indem er in höchster Not sein vermeintliches Reich der Kunst diesem feindlichen Leben zu entreißen sucht. Ein früherer Held Hoffmanns mußte sich zur Erkenntnis durchringen, daß die Kunst niemals physisches Haben und Besitzen schenkt. Ein Sieg über sein ins Dämonische gesteigertes Genie bleibt dem Cardillac ausgeschlossen.«

Hallamore: Das Problem des Zwiespaltes in den Künstlernovellen E. T. A. Hoffmanns und Thomas Manns. In: Monatshefte für deutschen Unterricht, deutsche Sprache und Literatur 36 (1944) H. 2. S. 91 f.

Johannes Klein:

»Diese Kriminalnovelle gehört zu den erregendsten, die Hoffmann gelungen sind. Sie zeichnet sich durch dramatische Effekte und szenenhafte Vorgänge aus. Man lese das Gespräch zwischen Desgrais und dem Leiter des Sondergerichtshofes La Regnie, das zur Zeit der ersten Juwelenraubmorde spielt. Die Lebhaftigkeit, mit der die Personen einander ins Wort fallen, ist nicht nur dramatisch, sondern theatralisch empfunden. Eine erstaunliche Gespanntheit der Begriffe, die genau wie die Personen hochzuschnellen scheinen, fällt auf. Die Worte sind nach ihrem Affektcharakter und ihrer Effektwirkung gewählt: ›blaß, entstellt, außer sich‹ – auffällig die Häufung –, ›vor Wut stammelnd‹, ›die ganze Hölle in der Brust‹, ›Teufel, die meiner spotten‹. Hauptadjektiv ist ›entsetzlich‹; zahlreich sind andere übertreibende Wendungen und Wörter: ›gräßlich‹, ›verruchte Greueltaten‹, ›teuflische Erfindung‹, ›verruchte List verworfener Menschen‹, ›verwilderte Blicke‹, ›von garstigem Ansehen und heimtückischem Wesen‹ usw. Vergleicht man mit Kleist, wo jedes Wort an seinem rhythmischen Ort steht und sich die Spannung über den ganzen Satz erstreckt, so erscheint die Sprachform Hoffmanns äußerlicher

Er zieht weniger die Sinnfülle als die Sinnbelastung vor. Er verteilt, da die einzelnen Worte zu Spannungsträgern geworden sind, den Sprachstoff gleichmäßiger als Kleist. Man liest ihn leichter.
Diesen dramatisch-theatralischen Effekten entspricht die schaurige, oft bühnenbildhafte Anschaulichkeit. Die Polizeibeamten, die selber versetzte Verbrecher sind, Cardillac in seiner Zerstörtheit, Olivier in seiner Gewissensnot, haben eine gehetzte Unruhe, zeigen sich mimisch verzerrt; dazu kommen die Halblichteffekte ängstigender Nachtszenen. Man wird an Vorgänge des Traums oder des Wahnsinns erinnert. Insofern ist die erhitzte Sprache begründet. Vom Wahn, an dem der Künstler hier leidet, zum Wahnsinn, ist nur ein Schritt. Beim Künstlerproblem hat der Ausleger anzusetzen, denn der Kunsthandwerker Cardillac steht für den Künstler.
Die Werke des bildenden Künstlers bleiben nicht im gleichen Maße sein wie die des Dichters oder Musikers. Die Schicksalsfrage liegt aber tiefer. Wie weit kann sich ein Künstler gegenüber seinem Werk objektiv verhalten? Ist das, was ihn über sich hinausgerissen hat, kein Stück seines Ichs mehr? Cardillac kann nicht verzichten; die Juwelen sind für ihn etwa das, was für Erasmus Spikher das Spiegelbild ist. Im Glanz seiner Werke erkennt er den Glanz ihrer Entstehung, als noch die weiteste Leistung möglich war und der schöpferische Rausch eine Welt umfaßte, weit mehr, als das geschlossene Gebilde des Werkes hernach verraten kann. Aber wenn das vollendete Kunstwerk auch hinter solchen Ursprüngen zurückzubleiben scheint, so ist es doch mehr als sein Schöpfer, und im Sinn der religiösen Verantwortung, wie der Romantiker sie für seine Dichtung trägt, ist der persönliche Anspruch auf sein Werk ein Vergehen gegen die objektive Aufgabe, die es hat.
Außerdem schaut man hier tief in die Gefahren des Schöpfertums. Der Mensch, besessen von dem, was über ihn hinausweist, wird vorübergehend von allen Bindungen des durchschnittlichen Lebens frei, und so wird auch vieles entfesselt, was ihn unter sich hinunter zerrt: das Verneinende, das Satanische. Der Künstler, ein Doppelwesen, wird zum Dämon. Das bürgerliche Dasein wird zum Scheinleben wie bei Cardillac. Das Machtgefühl, das der

Schöpfungsakt verleihen kann, wird zum Wahn des amoralischen Vorrechts, eine Beobachtung, die sich sogar bei großen Künstlern, wie Richard Wagner, machen läßt. In Cardillac ist diese künstlerische Dämonie zum Verbrechen entartet. Sie vernichtet geordnetes Leben, sobald sie sich in der Kunst als Selbstzweck setzt. Daher der Krieg zwischen dem gesellschaftsgebundenen und dem künstlerischen Menschen, daher der Argwohn auf beiden Seiten. Die Gesellschaft kann den Künstler nicht entbehren, weil er einer ihrer Sprecher in der höchsten geistigen Leistung ist. Aber sie gibt ihm keinen Freibrief, weil sie das gesamte Menschsein mit seinen Höhen und Tiefen in ihm wittert. Der Künstler als *ganzer* Mensch wie etwa der Klassiker wird ihr unbequem sein; er fordert zu viel. Der Künstler als *gespaltener* Mensch aber ist ihr gefährlich; er ist zu viel auf einmal.«

Klein: Geschichte der deutschen Novelle von Goethe bis zur Gegenwart. Wiesbaden: Franz Steiner Verlag 1954. S. 84 f.

Hellmuth Himmel:

»In Hoffmanns ›Fräulein von Scuderi‹ sind die Teilhandlungen nur analytisch faßbar, indem man das Geschehen einmal auf die Titelheldin, dann auf Cardillac und endlich auf Olivier bezieht. Die Grundzüge des Geschehens sind dieselben, doch treten sie in verschiedene Beleuchtung. Die persönliche Begegnung zwischen dem Fräulein und Cardillac bleibt Olivier ganz unbekannt; die Entdeckung von Cardillacs Geheimnis durch Olivier ist zentrales Ereignis im ersten Teil der ›Olivier-Novelle‹, jedoch nur Episode in der ›Cardillac-Novelle‹. Hoffmann baut zunächst einen scheinbaren ›Fall Olivier‹ auf, dessen wichtigste Beweisglieder das Fräulein in Händen hält: sie erkennt in dem Verhafteten den Warner, der ihr den Zettel in die Kutsche geworfen hat; in diesem wieder hat die Martiniere den Schmucküberbringer, den Sendboten der ›Unsichtbaren‹ erkannt. Erst durch Oliviers Erzählung wird klar, daß er mit der Vorsprache im Hause der Scuderi, mit dem Zettel und schließlich in der Conciergerie dreimal auf eine Schicksalswendung gehofft hat, die ausgeblieben ist. Von der Begegnung mit dem Fräulein hat er die Auflösung der Verwirrung erwartet, in die er, aus Liebe zu Madelon die Untaten seines Meisters verschweigend, geraten ist.

Die Cardillac-Novelle besteht wesentlich aus dem Bekenntnis Cardillacs, das man aber nur durch Oliviers Mund vernimmt, aus Teilen der Olivier-Novelle (Schmuckübergabe im Hause der Scuderi), der Begegnung mit dem Fräulein und aus seiner letzten Verdüsterung sowie seinem Tod. Sie hat aber noch eine Fortsetzung im Schlußteil der Erzählung, was nicht sofort zu durchschauen ist.

Die Teilnovelle um die Scuderi beginnt mit ihrem Epigramm, welches Cardillac Hoffnung gibt, auf Erden ein Wesen zu finden, das für ihn an Stelle der Madonna Fürbitte einlegen würde. Er sendet ihr den Schmuck; er übergibt ihn ihr nochmals ausdrücklich, da sie ihm sein Werk zurückstellen will. Aber noch findet seine Seele nicht Ruhe: denn das Fräulein weigert sich, den Schmuck zu tragen. Wieder wird etwas dreimal versäumt: weder nach der ersten noch nach der zweiten Schmuckübergabe will das Fräulein ihn anlegen und schließlich unterläßt sie den Besuch in Cardillacs Werkstatt. Allerdings wäre das Tragen des Schmucks, auf das die Stimme von Cardillacs Dämon hinweist, nicht ohne Gefahr – auch für das Fräulein, das der Goldschmied so hoch verehrt. Wirklich klar wird der Scuderi diese Gefahr erst bei Oliviers Erzählung; ebenso aber muß sie daraus erkennen, daß sie sich durch die zweite Schmuckannahme zur Fürbitterin des Goldschmieds gemacht hat. Diese Verpflichtung löst sie ein, wenn sie den Schmuck anlegt und sich in Trauerkleidung zum König begibt; sie läßt sich den leichten Spott über die ›Goldschmiedsbraut‹ gefallen, da sie seinerzeit dieses Scherzwort selbst geprägt hat – in Verkennung der inneren Not Cardillacs. Die scheinbar umständliche Handlungsführung in diesem Schlußteil – da doch mit dem Auftreten Miossens' alles klar scheint – bewirkt nicht nur die Freisprechung Oliviers, sondern auch die postume Begnadigung Cardillacs. Die Chambre ardente ist das Gericht, das selbst blutbefleckt ist, dessen Mitglieder zu Teufeln werden, weil sie überall den Teufel vermuten; der König als letzte Instanz aber verwaltet die Gnade, die über dem Recht steht. Die scheinbare Lüge, ein ›reuiger Sünder‹ habe den geraubten Schmuck zurückgestellt, steht in einem von der höchsten geistlichen und weltlichen Obrigkeit (nach dem König) unterzeichneten Dokument: es rehabilitiert Cardillac, ohne ihn zu nennen. Durch die Aufopferung des Fräuleins, das endlich den verhaßten Schmuck getragen und den widerwilligen König an die leidige Rechtssache zu erinnern gewagt hat, ist der Fluch, der über Cardillacs Leben lag, ausgelöscht. Die Cardillac-Novelle endet also erst nach seinem Tode – wie sie schon vor seiner Geburt begonnen hatte.

Ähnlich wie bei Brentano gewinnt hier die Erzählstruktur das Übergewicht über die Handlungsstruktur, und zwar so, daß eine fast musikalische Form entsteht: Exposition, Durchführung, Reprise. Im Expositionsteil werden die Dinge nur von außen sichtbar; Cardillac gilt bloß als ›einer der kunstreichsten und zugleich sonderbarsten Menschen seiner Zeit‹. Später, in Oliviers Erzählung, der Durchführung der Themen, sieht man in sein Inneres als das des ›verruchtesten und zugleich unglücklichsten aller Menschen‹. Kleists widersprüchliche Charakteristik Kohlhaasens wird hier durch Zerlegung in zwei Variationen zum kompositorischen Element. Die Exposition endet damit, daß die Welt der Tugend, an die das Fräulein geglaubt hat, zusammenbricht – die These der Chambre ardente von der völligen Verderbtheit der Welt scheint zu triumphieren. Da aber La Regnie die Tugend der Scuderi zur Erlangung von Oliviers Geständnis ausnützen will, bestätigt er selbst die Existenz der Tugend und leitet so ihren Sieg ein. Der Einsatz des Durchführungsteils knüpft wörtlich an den der Exposition an: ›So wie damals, als Brusson das Kästchen brachte, wurde um Mitternacht an die Haustüre der Scuderi gepocht.‹ Der Schluß der Durchführung mit Oliviers Entschluß, um Madelons willen zu schweigen, kehrt zum Ausgang zurück; die Reprise deutet die Wiederholung der Themen dadurch an, daß das Fräulein sich erst d'Andilly, dann dem König anvertraut. Die am Abschluß der Exposition unterbliebene Freilassung Oliviers tritt am Ende der Reprise ein; wie eine Coda schließen die Heimkehr des Fräuleins, der Ausblick auf das Glück Oliviers und Madelons sowie der Schlußbericht über das Schicksal von Cardillacs Schmuck die Erzählung ab. Auf Grund der engen Beziehungen zwischen dem ersten und zweiten Teil, denen

der dritte kompositorisch abweichend gegenübersteht, kann man von einer stolligen Form dieser Novelle sprechen.
Als ›Goldschmiedsbraut‹ steht die Scuderi in der Reihe jener Gestalten, die bei Hoffmann zur Rettung des Mannes bestimmt sind: Donna Anna in ›Don Juan‹, Ulla in den ›Bergwerken‹; Clara im ›Sandmann‹. Freilich ist hier die Brautschaft auf eine völlig unsinnliche Ebene transponiert; das Element erotischer Anziehung bleibt dem jungen Paar Olivier–Madelon vorbehalten, dem freilich kein so tiefes Problem auferlegt ist wie dem älteren. Denn es geht nicht um Gnade für einen Menschen schlechthin, sondern um die Rechtfertigung des Künstlers. Hoffmann sieht das 17. Jahrhundert im Zeichen der geteilten Kunst: hier Madeleine de Scuderi, die Verfasserin anmutiger Verse und höfischer Romane, deren Kunst der Zerstreuung dient – dort Cardillac, der um der Kunst selbst willen arbeitet, sein Werk mit seinem Herzblut tränkt und nicht erträgt, daß es von ihm losgerissen wird. Aber ihr ›ritterlicher Geist‹ entringt der Scuderi jenes Epigramm, das einen Hoffnungsstrahl in die Tiefe von Cardillacs mörderischem Wahn sendet: er trennt sich freiwillig von einem seiner Werke, um durch dieses Opfer gerettet zu sein, weiß aber bis zu seinem Tode nicht, ob es angenommen ist – denn das Fräulein trägt den Schmuck nicht. Die Schwierigkeit, sich vom Geschaffenen zu trennen, entsteht nach Hoffmanns Meinung daraus, daß der religiöse Auftrag weggefallen ist: nur solange der Künstler ›für den Tisch des unbekannten Königs‹, für Gott, arbeitet, gibt er sein Werk willig hin. Ein Käufer wird ihm stets als stumpfer Nutznießer, als ›Unheiliger‹ vor etwas ›Heiligem‹ erscheinen. Die Scuderi wird zur Retterin Cardillacs nicht vermöge ihrer Kunst, sondern nur durch ihre Tugend. Das Wort wird leitmotivisch, wenngleich sparsam verwendet: es kommt zwanzigmal in der Novelle vor, wobei die Abstufungen von weiblicher Sittsamkeit, echter Bürgertugend und scheinbarer Tugend bis zur höchsten Tugend des Fräuleins reichen, die zugleich Mut und seelische Stärke ist. Wenn der König sie ›die Tugend selbst‹ nennt, macht er sie beinahe zu einer allegorischen Gestalt.
Die Verlagerung des Interesses auf die Beziehungen zwischen dem Menschen und den ›irrationalen Kräften des

Universums‹ schließt die ethische Entscheidung keineswegs aus. Wohl aber mißtraut die Romantik einer bloß auf Soziologie und Bewußtseinspsychologie gegründeten Ethik; im sittlichen Verhalten sieht sie mehrere nur zum Teil erklärbare Faktoren wirksam. Das Rechtsproblem Kleists ist zur Theodizee erweitert: der Fluch, der auf Cardillac lastet, bestimmt die Art seiner Erlösung, die er durch das Opfer erreicht.«

Himmel: Geschichte der deutschen Novelle. Bern/München: Francke 1963. S. 130–134

Walter Müller-Seidel:

»Hoffmanns Novellenkunst erhält gerade vom Zyklischen her einen vertieften Sinn. Er liegt nicht nur im Rahmen oder in den Gesprächen dieses Rahmens beschlossen. Nicht wenig auch hängt von der Art ab, in der die eine Novelle auf die andere verweist. Serapiontisch aber ist die Gesellschaftskritik in diesen Erzählungen vor allem dann, wenn ein Inneres, wie die Kunst, zu einem Äußeren, wie der Gesellschaft, im Mißverhältnis steht, das die Formen der Karikatur, der Satire und der Groteske fordert.
Natürlich ist eine so hinreißend erzählte Geschichte wie ›Das Fräulein von Scuderi‹ – die erste Kriminalgeschichte von Rang in unserer Literatur –, natürlich ist sie auch herausgelöst zu lesen und zu verstehen. Aber schon das Ineinander von Mordgeschichte und Künstlertum verweist auf einen ›Zusammenhang der Dinge‹, der nicht ausschließlich von der Einzelnovelle her zu erfassen ist. Die Kunst steht dabei durchaus im Mittelpunkt des Ganzen. Aber sie erscheint hier und im Erzählzyklus sonst in einer, recht besehen, gefährlichen Ambivalenz. Ihre Verkörperung nach der Seite des Gesellschaftlichen hin findet sie in dem schon betagten Fräulein, das sich am Hofe des Sonnenkönigs eines hohen Ansehens erfreut. Gesellschaftsbezogen ist diese Kunst, wie es der Zeit entspricht, in die uns die historische Erzählung versetzt. Die der gesellschaftlichen Galanterie verpflichtete Sprache ist nicht zu überhören. Von den Liebhabern wird da gesprochen, die ihr Leben daransetzen müssen, wenn ihnen die Verehrung der Geliebten ein reiches Geschenk zu bringen gebietet. Mit ritterlichem Kampf habe aber der Überfall der heimtückischen Mörder nichts zu

tun. Ludwig, der ›leuchtende Polarstern aller Liebe und Galanterie‹ wird deshalb um Abhilfe gebeten – mit Worten, die das Geschraubte und Unwahre der in Frage stehenden Kultur zutreffend zum Ausdruck bringen: ›Der göttliche Held, der seine Feinde niedergeschmettert, werde nun auch sein siegreich funkelndes Schwert zücken, und wie Herkules die Lernäische Schlange, wie Theseus den Minotaur, das bedrohliche Ungeheuer bekämpfen, das alle Liebeslust wegzehre, und alle Freude verdüstre in tiefes Leid, in trostlose Trauer.‹ Die Sprache dieser Gesellschaft ist auch die Sprache des Fräuleins von Scuderi, obwohl sie sich mit den Wünschen der gefährdeten Liebhaber nicht solidarisch erklärt. Vielmehr ist sie bestrebt, deren Galanterie womöglich noch zu überbieten. Sie tut es mit dem Mittel, das ihr zu Gebote steht, mit ihrer Dichtkunst, die sie übt. Das Fräulein von Scuderi erklärt, daß derjenige Liebhaber, der die Diebe fürchte, der Liebe überhaupt nicht würdig sei. Das bloß Gesellschaftliche ihres Gebarens, des echten Lebens ermangelnd, wird in der Redeweise des Erzählers angedeutet, wenn es heißt: ›Die Scuderi stand ehrerbietig auf von ihrem Lehnsessel, ein flüchtiges Rot überflog wie Abendpurpur die blassen Wangen der alten würdigen Dame, sie sprach, sich leise verneigend, mit niedergeschlagenen Augen ...‹ Der König aber ist entzückt über den ›ritterlichen Geist dieser wenigen Worte‹, obgleich sich doch im Umgang mit heimtückischen Mördern jede Form von Ritterlichkeit von selbst ad absurdum führt. Der König ist erstaunt über die wenigen Worte der Scuderi, von denen gesagt wird, daß sie das ganze Gedicht der Liebhaber ›mit seinen ellenlangen Tiraden zu Boden schlugen ...‹ In einer Umgebung wie dieser nimmt sich die Poesie nicht eben friedlich aus. Man kann sie benutzen, um andere damit zu Boden zu schlagen, im übertragenen Sinne, versteht sich. Aber gerade die übertragene Redeweise verdeutlicht das auffällig Scheinhafte, Selbstbezogene und eigentlich Unmenschliche, das sich dahinter verbirgt. Es ist eine im Grunde unmenschliche Dichtung, die am Hofe dieses Königs herrscht. Das Fräulein von Scuderi hat sich ihr nicht entzogen. Auch auf ihre Dichtung sind die Sätze zu beziehen, die das Mißverhältnis von Kunst und Menschlichkeit beleuchten, um das es dabei geht: ›Kaum hatte la

Chapelle die Szene des Trauerspiels geendet und schlau versichert, daß er nun wohl Racine zu schlagen gedenke, als dieser selbst eintrat und ihn mit irgendeines Königs pathetischer Rede zu Boden schlug, bis Boileau seine Leuchtkugeln in den schwarzen tragischen Himmel steigen ließ ...‹

Einer so verstandenen Dichtung kann es widerfahren, daß sie in die gefährliche Nähe derer gerät, die des Nachts heimtückischerweise morden. Immerhin haben die entsetzlichen Verbrechen mit ebendieser Poesie die Stadt gemeinsam, in der sich derart Unerhörtes ereignet. Es ist Paris. Von der hohlen Phrase zum Unmenschlichen und vom Unmenschlichen zum Verbrechen sind es aber jeweils nur Schritte. Ihren Versen hat es jedenfalls die Scuderi zuzuschreiben, wenn die gesuchten Mörder in ihr eine Fürsprecherin ihres frevelhaften Treibens vermuten. Und daß hier in der Tat ein schrecklicher Zusammenhang von ›Kunstgeschichte‹ und Mordgeschichte waltet, verdeutlicht René Cardillac. Er in seiner Person vereinigt den Mörder mit dem Künstler. Er ist es, der die schönsten Geschmeide anfertigt und die Besitzer der selbstgefertigten Juwelen von hinten anfällt und tötet – wie es scheint, nur deshalb, weil ihn die eigene Kunst zum Besessenen dieser Kunst gemacht hat. Jedermann hält ihn für einen angesehenen Bürger, der er tagsüber ist. Sein nächtliches Geschäft aber bleibt lange Zeit verborgen. In diesem Goldschmied ist E. T. A. Hoffmann eine Gestalt gelungen, die man nicht wieder vergißt: eine unheimliche Gestalt von bestürzender Modernität. Modernes Doppelleben jener Mörder, die für Kunst empfänglich sind, oder modernes Doppelleben jener Künstler, die sich dem Mord nicht versagen, ist auf schlechthin faszinierende Art gestaltet. Aber zum Besessenen seiner Kunst, zu einem Künstler, wie ihn Nietzsche allenfalls gedacht haben könnte, darf man Cardillac nicht machen. Er ist der reine Künstler nicht, den man in ihm hat sehen wollen. Noch weniger ist er ein Märtyrer seiner Kunst. Über dem Leben des Goldschmieds waltet ein Verhängnis. Er steht im Banne eines Fluchs, der ihm als Erbschuld zugefallen zu sein scheint, ohne daß er selbst davon wüßte. Es ist letztlich der Fluch des Goldes und der Besitzgier, der gegen die Reinheit seiner Goldschmiedekunst spricht: denn Reichtum und Besitz sind Cardillac nicht nebensächliche Dinge. Er weigert sich, seine Tochter dem Gehilfen zur Frau zu geben, den diese liebt. Und er sagt es diesem Gehilfen unumwunden ins Gesicht: ›Für dich armen Schlucker hängt die süße Frucht zu hoch ...‹ Dieser Goldschmied ist sich selbst das Maß, und die eigene Kunst gebraucht er als Mittel seiner selbstischen Zwecke. Mit dem l'art pour l'art René Cardillacs ist es nichts. Eine solche Modernität hat Hoffmann offenkundig nicht gemeint.

Was es mit seiner Kunst und seinem Doppelleben auf sich hat, kann im Fortgang der Erzählung nicht mehr zweifelhaft sein, wenn sich die Hintergründe des Geschehens immer deutlicher enthüllen. Die Geschichte setzt ein, wie Kriminalgeschichten erzählt werden: mit Geheimnissen und Unheimlichkeiten zu nächtlicher Stunde. Das Geschenk, das der Dichterin um Mitternacht gebracht wird, bleibt ihr rätselhaft, wie es dem Leser zunächst rätselhaft bleibt. Düster, unheimlich und unaufgehellt ist die Atmosphäre des Ganzen, und in ihr liegen Kunst und Verbrechen gefährlich nahe beieinander. Daher bedeutet die Enthüllung des unheimlichen und geheimnisvollen Geschehens zugleich eine Enthüllung des Geheimnisses, das aller Kunst innewohnt. Es geht um eine Erkenntnis im doppelten Sinn. Die Detektivgeschichte geht in die Künstlergeschichte über: in die Frage nach dem Geheimnis der Kunst, die uns bedrängt, wenn geschehen kann, was hier geschieht. Ein Prozeß der allmählichen Erkenntnis wird erzählt, wie er nur teilweise zum Schema der Kriminalgeschichte gehört; denn die tiefere Erkenntnis hat nicht mehr die Aufklärung der Verbrechen zum Ziel. Die Erzählung selbst ist mit dem Tod René Cardillacs noch gar nicht an ihr Ziel gelangt. Nicht er steht im Mittelpunkt, sondern die Dichterin, die an sich die Erkenntnis vollzieht, die der Goldschmied nicht vollzogen hat. Sie wird die Erkennende. Ihr selbst wird die Kunst verdächtig, die sie geübt hat. Sie löst sich von ihr auf Grund der sie aufwühlenden Erfahrungen. Der Rettung Brussons, des Gehilfen, von dessen Unschuld sie überzeugt ist, ordnet sie alles unter. Sie entwickelt dabei einen Opfermut, der sich mit ihrer früheren Kunstgesinnung kaum vertragen hätte. Ihre neue Kunst aber stellt sie in den Dienst der guten Sache. Sie verwendet sich beim König für den

unschuldig Angeklagten, und der Versuch, den Herrscher zu überreden, hat einen tief menschlichen Sinn. Kunst und Menschlichkeit, die in der Person Cardillacs so verhängnisvoll auseinandergefallen waren, bringt sie in solchem Tun wieder zusammen. Und einzig sie ist es, der solches gelingt. In der Vereinigung des Zusammengehörigen stellt sie die Wahrheit der Dinge wieder her.
Serapiontisch ist die Erzählung aus dem Frankreich Ludwigs XIV., weil sie einer alten Chronik entnommen ist. Aber die aus der Chronik entnommene Vorlage wird nicht blindlings übernommen. Hier wird im Gegenteil das wahrhaft verkündet, was wirklich geschaut worden ist, wie es das serapiontische Prinzip vorschreibt. Serapiontisch ist aber auch die in der Erzählung dargestellte Kunst, diejenige nämlich des Fräuleins von Scuderi, zu der sie sich durch ihr Tun schließlich bekennt. Es ist eine zutiefst verbindliche Kunst, die, wie hier, den Einsatz des ganzen Menschen erfordert.«

Müller-Seidel: Nachwort. In: E. T. A. Hoffmann, Die Serapions-Brüder. München: Winkler 1963, S. 1014–17

Josef Kunz:

»Das Zwangshafte und Unfreie des Geschehens wird [...] durch jenes Ereignis verschärft, mit dem Cardillac [...] sich zu entlasten versucht: jenes Versehen der Mutter in der Begegnung mit dem in Gold und Juwelen gekleideten Kavalier, ein Versehen, das sein Leben und Schicksal in die vorbestimmte Bahn zwingen sollte. ›Weise Männer sprechen viel von den seltsamen Eindrücken, deren Frauen in guter Hoffnung fähig sind, von dem wunderbaren Einfluß solch lebhaften, willenlosen Eindrucks von außen her auf das Kind.‹ So ist Cardillac nach E. T. A. Hoffmann zu verstehen. In solcher Zerrissenheit und Zweideutigkeit erscheint sein Tun. Ob man ihn vom Ethischen oder vom Metaphysischen her deutet, immer gerät man an diesen Dualismus, der zu verstehen ist als die letzte Konsequenz des romantischen Dualismus überhaupt. Nach dem, was zuvor zu ›Don Juan‹ und den anderen Künstlernovellen Hoffmanns gesagt wurde, ist es kein Zufall, daß eine solche Gestalt in diesem Werk erscheint. Wie in dieser Gestalt, so stehen in den Künstlernovellen, wie oben dargelegt, immer die höchste Form und die Formwidrigkeit in unversöhntem Gegensatz zueinander. Man kann bei Cardillac nicht im streng-motivischen Sinn vom Doppelgängertum sprechen; die existentielle Voraussetzung indessen, die Möglichkeit ist auch hier nahegelegt, und es empfiehlt sich, von daher auch diese Figur zu verstehen.

Der Titel der Novelle lenkt die Aufmerksamkeit des Lesers auf das Fräulein von Scuderi; offenbar weil sie als eine Gestalt ausersehen war, die, gefeit gegen den Zauber der Dinge, die Überwindung dessen leisten sollte, was in Cardillacs Verbrechen als die Macht des Abgrundes offenbar geworden ist. Eine solche Lösung in die Novelle hineinzunehmen, war die Absicht des Dichters. Indessen decken Absicht und Gelingen sich in diesem Werk nicht. Für einen solchen Anspruch ist die Gestalt der Scuderi zu substanzlos, gelegentlich sogar von einer Nichtigkeit, die man mehr als einmal albern und banal zu nennen versucht ist. Vom Pragmatischen her gesehen, lenkt sie zwar alles zum Guten, sie schützt Olivier vor dem Tod und führt die Liebenden am Ende zusammen; von der Zeichnung der Gestalt her wird sie unglaubwürdig. Weder sie noch Madelon, ganz zu schweigen von Olivier, reichen auch nur von ferne in jene Dimensionen hinein, in denen Cardillac zu existieren genötigt ist. In dieser Beziehungslosigkeit ist, sofern man das Werk als Ganzes nimmt, die innere Schwäche der Novelle begründet. Auch an dieser Stelle ist es so, daß der Bereich des Heiligen und der des Dämonischen sich nicht verschränken; und nicht nur das ist charakteristisch, sondern auch die Tatsache, daß dem romantischen Dichter die Zeichnung des Dämonischen besser gelingt als die des Heiligen.«

Kunz: Die deutsche Novelle zwischen Klassik und Romantik. Berlin: Schmidt 1966. (Grundlagen der Germanistik. 2.) S. 90 f.

Hans-Georg W e r n e r :

»Die wohl bekannteste und berühmteste Dichtung Hoffmanns, ›Das Fräulein von Scuderi‹, gehört ebenfalls zu den Erzählungen, die einen bestimmten Wirklichkeitsausschnitt objektiv wiedergeben. Ihr künstlerischer Wert ist oftmals weit überschätzt worden. Barthel bezeichnete sie als ein ›Meisterwerk deutscher Erzählkunst überhaupt‹[a], und auch Ellinger erkannte ihr den Rang einer ›meisterhaften Dichtung‹[b] zu. Die Erzählung ist ohne Zweifel sehr geschickt aufgebaut. ›Hier kam dem Erzähler der *Kriminalist* zu Hilfe. Die Anlage der Novelle läßt neben dem gewandten Schriftsteller vor allem den erfahrenen Juristen erkennen, der Hoffmann war. Seine seltene Begabung, zu kombinieren, Möglichkeiten abzuschätzen und abzuwägen, die ihn zu einem ausgezeichneten Untersuchungsrichter machte, der komplizierte Rechtsfälle mit erstaunlicher Sicherheit und Schnelligkeit aufzuhellen wußte, tritt unverkennbar zutage. Es fiel dem gewiegten Kriminalisten nicht schwer, einmal das umgekehrte Verfahren einzuschlagen und einen verwickelten Fall zu konstruieren, wie er schwieriger kaum denkbar war.‹[c] Außerdem gelang es dem Dichter, einige prägnante Charakterbilder zu schaffen. Neben dem Fräulein von Scuderi bleibt vor allem die Gestalt des Meisters Cardillac im Gedächtnis haften. Der von krankhafter Leidenschaft getriebene Mensch, der seiner Gier nicht zu widerstehen vermag und – am Tage ein allseits geachteter Bürger, nachts der gefürchtetste Raubmörder von Paris – ein gespenstisches Doppelleben führt, ist geschickt und eindrucksvoll charakterisiert. Das Leben am Hofe, die durch Verbrechen und die Gewaltmaßnahmen der Chambre ardente niedergedrückte Stimmung der Pariser Bevölkerung sind eindringlich dargestellt. Dennoch wird man sich scheuen, dem ›Fräulein von Scuderi‹ den höchsten dichterischen Rang zuzuerkennen.

Richard Benz hat 1908 gegen die damals herrschende Auffassung von E. T. A. Hoffmann polemisiert und dabei – gleichsam im Vorübergehen – sein Urteil über das ›Fräulein von Scuderi‹ ausgesprochen: ›Das einzige, was man sonst von ihm zu empfehlen wagt, ist immer nur „das Fräulein von Scuderi“, was doch weder mit Dichtung überhaupt, noch mit E. T. A. Hoffmann persönlich all zu viel

[a] K. W. Barthel: Die dramatischen Bearbeitungen der Novelle E. T. A. Hoffmanns ›Das Fräulein von Scuderi‹ und ihre Bühnenschicksale. Diss. Greifswald 1929. S. 22.
[b] Ellinger, Einleitung zu Teil 5, S. 32.
[c] Barthel, Bearbeitungen, S. 6.

zu tun hat.‹[d] Dieses Urteil geht sicherlich zu weit. Es trifft zu auf eine so belanglose Kriminalerzählung wie Hoffmanns ›Marquise de la Pivardiere‹; das ›Fräulein von Scuderi‹ hat dagegen mit Dichtung zu tun. Ein verwickelter Kriminalfall ist hier von einem Kenner der menschlichen Seele in meisterhafter Form erzählt worden. Allerdings ist die Aussagekraft der Erzählung beschränkt, da sie im großen ganzen wenig mit den Existenzproblemen Hoffmanns zu tun hat – eine Ausnahme bildet die Persönlichkeitsspaltung des Meisters Cardillac, die aus dem Widerspruch zwischen der emotionalen Beziehung des Künstlers zu seinem Werk und der kommerziellen Beziehung des Produzenten zu seiner Ware resultiert – und infolgedessen auch nicht wesentlich mehr als die Darstellung eines interessanten Einzelfalls bietet.«

Werner: E. T. A. Hoffmann. Darstellung und Deutung der Wirklichkeit im dichterischen Werk. Berlin/Weimar: Aufbau-Verlag [2]1971. (Beiträge zur deutschen Klassik. Bd. 13.) S. 135 f.

Peter von Matt:

»Ähnlich, nur ins Schauderhafte gewendet, nimmt sich der Bericht des Goldschmieds Cardillac im ›Fräulein von Scuderi‹ aus, mit dem dieser seine mörderische Leidenschaft zu Gold und Juwelen zu erklären versucht. Er führt seinen Zwang auf ein pränatales Trauma zurück, auf ein Erlebnis, das seine Mutter in den ersten Wochen ihrer Schwangerschaft hatte. Sie knüpfte Beziehungen an zu einem schmuckbehängten Kavalier, der sie ›an einen einsamen Ort‹ zu locken verstand: ›Dort schloß er sie brünstig in seine Arme, meine Mutter faßte nach der schönen Kette, aber in demselben Augenblick sank er nieder und riß meine Mutter mit sich zu Boden. Sei es, daß ihn der Schlag plötzlich getroffen, oder aus einer andern Ursache; genug, er war tot. Vergebens war das Mühen meiner Mutter, sich den im Todeskrampf erstarrten Armen des Leichnams zu entwinden. Die hohlen Augen, deren Sehkraft erloschen, auf sie gerichtet, wälzte der Tote sich mit ihr auf dem Boden‹ [55,25–33]. Man hat diese Stelle, wie übrigens auch die

[d] Richard Benz: Märchen-Dichtung der Romantiker. Gotha 1908. S. 257.

Genealogien in den ›Elixieren‹, als Frühformen der vererbungswissenschaftlichen Erkenntnisse des späteren 19. Jahrhundert dargestellt, wie sie dann etwa Emile Zola verwendet hat. Das mag seine Richtigkeit haben; man darf aber dabei die Genauigkeit nicht übersehen, mit der hier ein Symbolnexus zum Hauptgeschehen geknüpft wird, der viel wichtiger ist als irgendwelche biologische Gesetzmäßigkeiten. Die junge Frau in den umklammernden Armen des erstarrten Liebhabers steht für die Existenz Cardillacs selbst, der ja als lebendiges Wesen bereits in ihr anwesend ist. Seine rasende Leidenschaft zu den Juwelen ist die unbegriffne Sehnsucht nach dem ›Karfunkel‹ im eigenen Innern. Die Metapher, mit der Hoffmann so oft den namenlosen Kern des Menschen zu fassen sucht, wird hier konkretisiert, so wie in den Geschichten um die gemalte Geliebte das Mädchengesicht den Helden als das objektivierte Licht ihrer Imagination begegnet, als ein Äußeres, welches zuletzt lachend verworfen wird oder aber – in den ›Elixieren‹, in der ›Jesuiterkirche‹, in der Ettlinger-Vita – den Mordzwang wachruft. Genauso ist Cardillac getrieben, die Träger der von ihm geschaffenen Juwelen zu ermorden, ihnen immer neu das zu entreißen, was er ahnungslos schon längst besitzt und zu dem in Wahrheit vorzustoßen ihn eben diese meuchlerischen Raubtaten hindern. Wie die Metallisierung den gleichnishaften Schlüssel zu Elis' [des Bergmanns zu Falun] Dasein abgibt, so entwirft die fürchterliche Anekdote das Muster, nach welchem das Schicksal des Goldschmieds gewoben wird. Allerdings wäre bei Cardillac, der Theorie nach, eine Erlösung möglich; denn während man sich in keiner Weise denken kann, was der Bergmann mit seiner Erkenntnis beginnen sollte, liegen dem Künstler Cardillac scheinbar alle Möglichkeiten offen. Doch das braucht uns hier nicht zu beschäftigen. Wichtig ist allein, daß Hoffmann auch da das Thema der Erstarrung zur erzählerischen Definition der Hauptgestalt verwendet: Cardillac ist ein Mensch, der sich durch die blutigsten Verbrechen vergeblich aus den steinernen Armen einer toten Welt und seiner eigenen bürgerlichen Existenz darin zu befreien sucht. Das Prinzip, daß bei Hoffmann Natur, Geliebte und Gesellschaft je und je analog strukturiert sind, zeichnet sich hier erneut ab und würde in einer weitergehenden Analyse gerade der Sozietät in dieser Novelle, der von Giftmorden und Polizeiterror verseuchten Stadt Paris, noch bedeutend profiliert.«

von Matt: Die Augen der Automaten. E. T. A. Hoffmanns Imaginationslehre als Prinzip seiner Erzählkunst. Tübingen: Niemeyer 1971. (Studien zur deutschen Literatur. Bd. 24.) S. 127 f.

# VII. Literaturhinweise

## *1. Ausgaben*

Das Fräulein von Scuderi. Erzählung aus dem Zeitalter Ludwig des Vierzehnten. Von E. T. Hoffmann, Verfasser der Phantasiestücke. In: Taschenbuch für das Jahr 1820. Der Liebe und Freundschaft gewidmet. Hrsg. von Dr. St. Schütze. Frankfurt am Main, bei den Gebrüdern Wilmans [1819]. S. 1–122.

Die Serapions-Brüder. Gesammelte Erzählungen und Mährchen. Hrsg. von E. T. A. Hoffmann. Dritter Band. Berlin 1820. Gedruckt und verlegt bei G. Reimer. (VI. Abschnitt. S. 329–480 Das Fräulein von Scuderi.)

E. T. A. Hoffmann. Sämtliche Werke in 15 Bänden. Hrsg. von Eduard Grisebach. Leipzig: Hesse 1900.

E. T. A. Hoffmanns Sämtliche Werke. Hist.-krit. Ausg. mit Einl., Anm. und Lesarten von Carl Georg von Maassen. München/Leipzig: Müller 1908–28. (Unvollständig.)

E. T. A. Hoffmanns Werke in fünfzehn Teilen. Auf Grund der Hempelschen Ausg. neu hrsg., mit Einl. und Anm. vers. von Georg Ellinger. Berlin/Leipzig/Wien/Stuttgart: Bong [1912].

E. T. A. Hoffmann: [Sämtliche Werke in fünf Einzelbänden.] Unter Mitarbeit von Walter Müller-Seidel, Friedrich Schnapp, Wolfgang Kron und Wulf Segebrecht. München: Winkler 1960–65. (Daraus ›Die Serapions-Brüder‹, München 1963, zitiert als Die Serapions-Brüder.)

E. T. A. Hoffmanns Briefwechsel. Ges. und erl. von Hans von Müller und Friedrich Schnapp. Hrsg. von Friedrich Schnapp. 3 Bde. München: Winkler 1967–69.

E. T. A. Hoffmann: Tagebücher. Nach der Ausg. Hans von Müllers mit Erl. hrsg. von Friedrich Schnapp. München: Winkler 1971.

Handzeichnungen E. T. A. Hoffmanns in Faksimiledruck. Mit einer Einl. ›E. T. A. Hoffmann als bildender Künstler‹. Hrsg. von Hans von Müller. Textrevision der Erl. von Friedrich Schnapp. Hildesheim: Gerstenberg 1973.

E. T. A. Hoffmann: Juristische Arbeiten. Hrsg. und erl. von Friedrich Schnapp. München: Winkler 1973.

E. T. A. Hoffmann in Aufzeichnungen seiner Freunde und Bekannten. Eine Sammlung von Friedrich Schnapp. München: Winkler 1974.

E. T. A. Hoffmann. Hrsg. von Friedrich Schnapp. München: Heimeran 1974. (Dichter über ihre Dichtungen. Bd. 13.)

E. T. A. Hoffmann: Das Fräulein von Scuderi. Braunschweig: Westermann [1974].

Der Zauberbrunnen. Historische Novellen der deutschen Romantik Einl. und Erl. von Fritz Böttger. Berlin: Verlag der Nation 1974 (Darin: Das Fräulein von Scuderi.)

Hoffmanns Werke in drei Bänden. Ausgew. und eingel. von Gerhard Schneider. Berlin/Weimar: Aufbau-Verlag 1976. (Bibliothek Deutscher Klassiker.)

E. T. A. Hoffmann: Gesammelte Werke in Einzelausgaben. Textrevision und Anm. von Hans Joachim Kruse, Redaktion Rudolf Mingau. (10 Bde. geplant, bisher ersch. Bd. 1 und 2.) Berlin/Weimar: Aufbau-Verlag 1976.

E. T. A. Hoffmann: Der unheimliche Gast und andere Erzählungen. Mit einem Prolog und 43 Lithographien von Hugo Steiner-Prag. München: Winkler 1976. (Darin: Das Fräulein von Scuderi.)

## 2. *Bibliographien und Forschungsberichte*

Goedeke, Karl: Grundriß zur Geschichte der Deutschen Dichtung aus den Quellen. Bd. 8. Dresden: Ehlermann 1905. S. 468–506 und 713 f.

Salomon, Gerhard: E. T. A. Hoffmann. Bibliographie (1803–1871). Berlin/Leipzig 1927. Reprograph. Nachdruck Hildesheim: Olms 1963.

Goedeke, Karl: Grundriß zur Geschichte der Deutschen Dichtung aus den Quellen. Bd. 14. Berlin: Akademie Verlag 1959. S. 352–490 und 1008–14.

Kanzog, Klaus: Grundzüge der E. T. A. Hoffmann-Forschung seit 1945. Mit einer Bibliographie. In: Mitteilungen der E. T. A. Hoffmann-Gesellschaft 9 (1962) S. 1–30; 12 (1966) S. 33–39; 16 (1970) S. 28–41.

Žitomirskaja, Zinaida Viktoria: E. T. A. Gofman. Bibliografija russkich perevodov i kritičeskoj Literatury. Moskau: Kniga 1964.

Voerster, Jürgen: 160 Jahre E. T. A. Hoffmann-Forschung 1805–1965. Eine Bibliographie mit Inhaltserfassung und Erl. Stuttgart: Eggert 1967.

Allroggen, Gerhard: E. T. A. Hoffmanns Kompositionen. Ein chronologisch-thematisches Verzeichnis seiner musikalischen Werke mit einer Einführung. Regensburg: Bosse 1970.

Steinecke, Hartmut: Zur E. T. A. Hoffmann-Forschung. In: Zeitschrift für deutsche Philologie 89/2 (1970) S. 222–234.

Lindken, Hans Ulrich: Polnische E. T. A. Hoffmann-Bibliographie. In: Mitteilungen der E. T. A. Hoffmann-Gesellschaft 20 (1974) S. 74 f.

Steinecke, Hartmut: E. T. A. Hoffmann. Dokumente und Literatur 1973 bis 1975. In: Zeitschrift für deutsche Philologie 95 (Sonderheft) (1976) S. 160–163.

## 3. *Literatur zu »Das Fräulein von Scuderi«*

Hermes oder kritisches Jahrbuch der Literatur. Drittes Stück für das Jahr 1823. Nr. XIX der ganzen Folge. Leipzig: Brockhaus 1823. (Darin: Rezension von Konrad Schwenck [Scuderi S. 123 ff.].)

[Varnhagen von Ense, Rahel:] Rahel. Ein Buch des Andenkens für ih Freunde. Berlin: Duncker und Humblot 1834. Thl. 3. (Scuderi S. 1 bis 15.)

Hitzig, Julius Eduard: E. T. A. Hoffmann's Leben und Nachla 3. verm. und verb. Aufl. 3 Bde. (Darin: Willibald Alexis, Zur Be urtheilung Hoffmanns als Dichter, III,45–69 [Scuderi S. 68 f.].) In E. T. A. Hoffmann's Erzählungen aus seinen letzten Lebensjahre sein Leben und Nachlaß. 5 Bde. Hrsg. von Micheline Hoffmann, ge Rorer. Bd. 5. Stuttgart: Brodhag 1839.

Ellinger, Georg: E. T. A. Hoffmann. Sein Leben und seine Werk Hamburg: Voß 1894. S. 139–142.

Schapire, Rosa: Otto Ludwigs ›Das Fräulein von Scuderi‹. In: Zei schrift für den deutschen Unterricht. 19. Jg. (1905) S. 650–663.

Ellinger, Georg: Einleitung zu ›Die Serapionsbrüder‹. In: E. T. A Hoffmanns Werke. Bd. 5. Berlin u. a. [1912]. S. 32 ff.

Maassen, Carl Georg von: Einleitung. In: E. T. A. Hoffmanns Säm liche Werke. Hist.-krit. Ausg. Bd. 7. München/Leipzig: Müller 191 S. XXXIV–XLV und Anm. S. 360–385.

Harich, Walther: E. T. A. Hoffmann. Das Leben eines Künstlers. 2 Bd Berlin: Reiß 1920. Bd. 2. S. 74–79.

Harich, Walther: Nachwort. In: E. T. A. Hoffmann, Dichtungen un Schriften. Gesamtausg. in 15 Bdn. Hrsg. von Walther Harich. Bd. 2 Weimar: Lichtenstein 1924. S. X–XIII.

Barthel, Karl Werner: Die dramatischen Bearbeitungen der Novell E. T. A. Hoffmanns ›Das Fräulein von Scuderi‹ und ihre Bühnen schicksale mit bes. Berücksichtigung des gleichnamigen Schauspiel von Otto Ludwig und seinen Bühnenbearbeitungen. Diss. Greifswal 1929.

Möller, Eva-Renate: E. T. A. Hoffmann als Darsteller aktueller recht licher Fragen. Diss. Wien 1934 [Masch.]. S. 80–96.

Kuttner, Margot: Die Gestaltung des Individualitätsproblems be E. T. A. Hoffmann. Diss. Hamburg 1936. S. 33–35.

Hallamore, Gertrude J.: Das Problem des Zwiespaltes in Künstler novellen E. T. A. Hoffmanns und Thomas Manns. In: Monatsheft für deutschen Unterricht, deutsche Sprache und Literatur 36 (1944 H. 2, S. 91 ff.

Thalmann, Marianne: E. T. A. Hoffmanns ›Fräulein von Scuderi‹. In Monatshefte für deutschen Unterricht, deutsche Sprache und Litera tur 41 (1949) H. 2, S. 107–116.

Rosebrock, Theo: Erläuterungen zu E. T. A. Hoffmanns ›Das Fräulei von Scuderi‹. Hollfeld: Bange 1958.

Himmel, Hellmuth: Schuld und Sühne der Scuderi. Zu Hoffmann Novelle. In: Mitteilungen der E. T. A. Hoffmann-Gesellschaft 7 (1960 S. 1–15.

Müller, Helmut: Untersuchungen zum Problem der Formelhaftigkei bei E. T. A. Hoffmann. Diss. Bern 1964. S. 82–88.

Kanzog, Klaus: E. T. A. Hoffmanns Erzählung ›Das Fräulein vo

Scuderi‹ als Kriminalgeschichte. In: Mitteilungen der E. T. A. Hoffmann-Gesellschaft 11 (1964) S. 1–11.
Ellis, John M.: E. T. A. Hoffmann's ›Das Fräulein von Scuderi‹. In: The Modern Language Review 64 (1969) S. 340–350.
Freund, Winfried: Die deutsche Kriminalnovelle von Schiller bis Hauptmann. Einzelanalysen unter sozialgeschichtlichen und didaktischen Aspekten. Paderborn: Schöningh 1975. S. 43–54.
Weiss, Hermann F.: ›The labyrinth of crime‹. A reinterpretation of E. T. A. Hoffmann's Das Fräulein von Scuderi. In: The Germanic Review 51 (1976) S. 181–189.
Post, Klaus D.: Kriminalgeschichte als Heilsgeschichte. Zu E. T. A. Hoffmanns Erzählung ›Das Fräulein von Scuderi‹. In: Zeitschrift für deutsche Philologie 95 (Sonderheft) (1976) S. 132–156.

## 4. Literatur zur Kriminalerzählung

Messac, Régis: Le ›Détective Novel‹ et l'Influence de la Pensée Scientifique. Paris 1929.
Ludwig, Albert: Die Kriminalerzählung und ihre Träger. In: Germanisch-Romanische Monatsschrift 18 (1930) S. 57–71 und 123–135.
Kaul, Friedrich Karl: Der Kriminalroman gestern und heute. In: Neue Deutsche Literatur 3. Jg. (1955) H. 11, S. 127–132.
Alewyn, Richard: Das Rätsel des Detektivromans. In: Definitionen. Essays zur Literatur. Hrsg. von Adolf Frisé. Frankfurt a. M.: Klostermann 1963. S. 117–136. U. d. T. »Ursprung des Detektivromans« auch in: R. A., Probleme und Gestalten, Frankfurt a. M.: Insel Verlag 1974.
Kanzog, Klaus: E. T. A. Hoffmanns Erzählung ›Das Fräulein von Scuderi‹ als Kriminalgeschichte. In: Mitteilungen der E. T. A. Hoffmann-Gesellschaft 11 (1964) S. 1–11.
Boileau, Pierre / Narcejac, Thomas: Der Detektivroman. Neuwied/Berlin: Luchterhand 1967.
Naumann, Dietrich: Der Kriminalroman. Ein Literaturbericht. In: Der Deutschunterricht (1967) Beilage zu H. 1.
Naumann, Dietrich: Zur Typologie des Kriminalromans. In: Studien zur Trivialliteratur. Hrsg. von Heinz Otto Burger. Frankfurt a. M.: Klostermann 1968. S. 225 ff.
Schönhaar, Rainer: Novelle und Kriminalschema – Ein Strukturmodell deutscher Erzählkunst um 1800. Bad Homburg v. d. H. / Berlin / Zürich: Gehlen 1969.
Kracauer, Siegfried: Der Detektivroman. In: S. K., Schriften I. Frankfurt a. M.: Suhrkamp 1971. S. 138–149.
Vogt, Jochen (Hrsg.): Der Kriminalroman. 2 Bde. München: Fink 1971.
Žmegač, Viktor: Aspekte des Detektivromans. In: Der wohltemperierte Mord. Zur Theorie und Geschichte des Detektivromans. Hrsg. von Viktor Žmegač. Frankfurt a. M.: Athenäum 1971.

Marsch, Edgar: Die Kriminalerzählung. Theorie – Geschichte – Analyse. München: Winkler 1972.
Reinert, Claus: Das Unheimliche und die Detektivliteratur. Bonn: Bouvier 1973.
Conrad, Horst: Die literarische Angst. Das Schreckliche in Schauerromantik und Detektivgeschichte. Düsseldorf: Bertelsmann 1974. (Literatur in der Gesellschaft. Bd. 21.)
Finckh, Eckehard (Hrsg.): Theorie des Kriminalromans. Stuttgart: Reclam 1974 u. ö. (Universal-Bibliothek Nr. 9512.)
Freund, Winfried: Die deutsche Kriminalnovelle von Schiller bis Hauptmann. Paderborn: Schöningh 1975.

## *5. Literatur zu E. T. A. Hoffmann*

Cobb, Palmer: The Influence of E. T. A. Hoffmann on the Tales of Edgar Allan Poe. Chapel Hill 1908. Nachdr. New York: Johnson 1963.
Jost, Walter: Von Ludwig Tieck zu E. T. A. Hoffmann. Studien zur Entwicklungsgeschichte des romantischen Subjektivismus. Frankfurt a. M.: Diesterweg 1921. (Deutsche Forschungen. 4.)
Thalmann, Marianne: Der Trivialroman des 18. Jahrhunderts und der romantische Roman. Ein Beitrag zur Entwicklungsgeschichte der Geheimbundmystik. Berlin: Ebering 1923.
Heilborn, Ernst: E. T. A. Hoffmann. Der Künstler und die Kunst. Berlin: Ullstein 1926.
Pfeiffer-Belli, Wolfgang: Mythos und Religion bei E. T. A. Hoffmann. In: Euphorion 34 (1933) S. 305–340.
Ochsner, Karl: E. T. A. Hoffmann als Dichter des Unbewußten. Ein Beitrag zur Geistesgeschichte der Romantik. Frauenfeld: Huber 1936.
Mitteilungen der E. T. A. Hoffmann-Gesellschaft. Sitz in Bamberg. Hrsg. unter Mitwirkung namhafter Fachmänner sowie des Bamberger Dichterkreises. Hefte 1–4 (1938–43), Hefte 5–23 (1958–77).
Bergengruen, Werner: E. T. A. Hoffmann. Stuttgart: Cotta 1939.
Schenck, Ernst von: E. T. A. Hoffmann. Ein Kampf um das Bild des Menschen. Berlin: Verlag Die Runde 1939.
Willimczik, Kurt: E. T. A. Hoffmann. Die drei Reiche seiner Gestaltenwelt. Berlin: Junker & Dünnhaupt 1939.
Meyer, Herman: Der Typus des Sonderlings in der deutschen Literatur Amsterdam 1943. U. d. T. »Der Sonderling in der deutschen Dichtung« München: Hanser ²1963. (S. 101–135.)
Freud, Sigmund: Das Unheimliche. In: S. F., Gesammelte Werke Bd. 12. London: Imago Publ. 1947.
Ricci, Jean F. A.: E. T. A. Hoffmann, l'homme et l'œuvre. Paris 1947
Hewett-Thayer, Harvey Waterman: E. T. A. Hoffmann. Author of th Tales. Princeton: University Press 1948.
Mistler, Jean: Hoffmann le fantastique. Paris 1950.

Ricci, Jean F. A.: Le fantastique dans l'œuvre d'E. T. A. Hoffmann. In: Etudes Germaniques 6 (1951) S. 100–116.

Jebsen, Regine: Kunstanschauung und Wirklichkeitsbezug bei E. T. A. Hoffmann. Diss. Kiel 1952 [Masch.].

Thalmann, Marianne: E. T. A. Hoffmanns Wirklichkeitsmärchen. In: Journal of English and Germanic Philology 51 (1952) S. 473–491.

Korff, Hermann August: Geist der Goethezeit. Bd. 4. Leipzig: Koehler & Amelang 1953.

Ehinger, Hans: E. T. A. Hoffmann als Musiker und Musikschriftsteller. Olten: Walter 1954.

Benz, Richard: Die deutsche Romantik. Geschichte einer geistigen Bewegung. Stuttgart: Reclam 1956.

Rosteutscher, Joachim: Das ästhetische Idol im Werke von Winckelmann, Novalis, Hoffmann, Goethe, George und Rilke. Bern: Haupt 1956.

Kayser, Wolfgang: Das Groteske. Seine Gestaltung in Malerei und Dichtung. Oldenburg: Stalling 1957.

Nipperdey, Otto: Wahnsinnsfiguren bei E. T. A. Hoffmann. Diss. Köln 1957.

Wirz, Jacques: Die Gestalt des Künstlers bei E. T. A. Hoffmann. Diss. Basel 1958.

Mayer, Hans: Die Wirklichkeit E. T. A. Hoffmanns. Ein Versuch. In: H. M., Von Lessing bis Thomas Mann. Pfullingen: Neske 1959. S. 198–246.

Kunz, Josef: Geschichte der deutschen Novelle vom 18. Jahrhundert bis auf die Gegenwart. In: Deutsche Philologie im Aufriß. Hrsg. von Wolfgang Stammler. Bd. 2. Berlin: Schmidt 1960. Sp. 1817–25.

Cysarz, Herbert: Die Phantasie E. T. A. Hoffmanns. Ein weltliterarisches Phänomen. In: Ostdeutsche Monatshefte 27 (1961) S. 23–32.

Meyer, Herman: Das Zitat in der Erzählkunst. Zur Poetik und Geschichte des europäischen Romans. Stuttgart: Metzler 1961. S. 114 bis 134.

Tretter, Friedrich Giselher: Die Frage nach der Wirklichkeit bei E. T. A. Hoffmann. Diss. München 1961.

Mühlher, Robert: Die Einheit der Künste und das Orphische bei E. T. A. Hoffmann. In: Stoffe, Formen, Strukturen. Studien zur deutschen Literatur. Hans Heinrich Borcherdt zum 75. Geburtstag. München: Huber 1962. S. 345–360.

Schnapp, Friedrich: Der Seraphinenorden und die Serapionsbrüder E. T. A. Hoffmanns. In: Literaturwissenschaftliches Jahrbuch N. F. 3 (1962) S. 99–112.

Tecchi, Bonaventura: Le Fiabe di E. T. A. Hoffmann. Florenz: Sansoni 1962.

Brion, Marcel: L'Allemagne romantique. Paris: Michel 1963. Bd. 2. S. 111–198 und 372–378.

Himmel, Hellmuth: Geschichte der deutschen Novelle. Bern und München: Francke 1963.

Mayer, Hans: Zur deutschen Klassik und Romantik. Pfullingen: Neske 1963.

Mühlher, Robert: E. T. A. Hoffmann. Beiträge zu einer Motiv-Interpretation. Literaturwissenschaftliches Jahrbuch. N. F. 4 (1963) S. 55 bis 72.

Passage, Charles: The Russian Hoffmanists. Den Haag: Mouton 1963. (Slavistic printings and reprintings. 35.)

Preisendanz, Wolfgang: Humor als dichterische Einbildungskraft. München: Eidos Verlag 1963. S. 47–117 und 290–307.

Taylor, Ronald: E. T. A. Hoffmann. London: Bowes 1963.

Thalmann, Marianne: Romantik und Manierismus. Stuttgart: Kohlhammer 1963. (Sprache und Literatur. 7.) S. 80–88, 122–127 u. ö.

Gibelli, Vincenzo: E. T. A. Hoffmann. Fortuna di un poeta tedesco in terra di Russia. Mailand: Giuffrè 1964.

Preisendanz, Wolfgang: ›Eines matt geschliffenen Spiegels dunkler Widerschein.‹ E. T. A. Hoffmanns Erzählkunst. In: Festschrift für Jost Trier zum 70. Geburtstag. Köln: Böhlau 1964. S. 411–429.

Negus, Kenneth G.: E. T. A. Hoffmann's Other World. The Romantic Author and his New Mythology. Philadelphia: University of Pennsylvania Press 1965.

Thalmann, Marianne: Romantiker entdecken die Stadt. München: Nymphenburger Verlagsanstalt 1965.

Köhn, Lothar: Vieldeutige Welt. Studien zur Struktur der Erzählungen E. T. A. Hoffmanns und zur Entwicklung seines Werkes. Tübingen: Niemeyer 1966.

Kunz, Josef: Die deutsche Novelle zwischen Klassik und Romantik. Berlin: Schmidt 1966. (Grundlagen der Germanistik. 2.)

Wittkop-Ménardeau, Gabrielle: E. T. A. Hoffmann in Selbstzeugnissen und Bilddokumenten. Reinbek bei Hamburg: Rowohlt 1966.

Preisendanz, Wolfgang: Zur Poetik der deutschen Romantik: Die Abkehr vom Grundsatz der Nachahmung. In: Die deutsche Romantik. Poetik, Formen und Motive. Hrsg. von Hans Steffen. Göttingen: Vandenhoeck & Ruprecht 1967. S. 54–75.

Schneider, Karl Ludwig: Künstlerliebe und Philistertum im Werk E. T. A. Hoffmanns. In: Die deutsche Romantik. Hrsg. von Hans Steffen. Göttingen: Vandenhoeck & Ruprecht 1967. S. 200–219.

Segebrecht, Wulf: Autobiographie und Dichtung. Eine Studie zum Werk E. T. A. Hoffmanns. Stuttgart: Metzler 1967.

Thalmann, Marianne: Zeichensprache der Romantik. Heidelberg Stiehm 1967.

Wittkop-Ménardeau, Gabrielle (Hrsg.): E. T. A. Hoffmanns Leben und Werk in Daten und Bildern. Frankfurt a. M.: Insel Verlag 1968.

Cramer, Thomas: Das Groteske bei E. T. A. Hoffmann. München Fink [2]1970. (Zur Erkenntnis der Dichtung. Bd. 4.)

Frey, Marianne: Der Künstler und sein Werk bei W. H. Wackenrode und E. T. A. Hoffmann. Vergleichende Studien zur romantische Kunstanschauung. Bern: Lang 1970.

Nehring, Wolfgang: Die Gebärdensprache E. T. A. Hoffmanns. In: Zeitschrift für deutsche Philologie 89/2 (1970) S. 207–221.

Girndt-Dannenberg, Dorothee: Untersuchungen zu Darstellungsabsichten und Darstellungsverfahren in den Werken E. T. A. Hoffmanns. Diss. Köln 1971.

Matt, Peter von: Die Augen der Automaten. E. T. A. Hoffmanns Imaginationslehre als Prinzip seiner Erzählkunst. Tübingen: Niemeyer 1971. (Studien zur deutschen Literatur. Bd. 24.)

Steinecke, Hartmut: ›Der beliebte, vielgelesene Verfasser ...‹ Über die Hoffmann-Kritiken im ›Morgenblatt für gebildete Stände‹ und in der ›Jenaischen Allgemeinen Literatur-Zeitung‹. In: Mitteilungen der E. T. A. Hoffmann-Gesellschaft 17 (1971) S. 1–16.

Segebrecht, Wulf: E. T. A. Hoffmann. In: Deutsche Dichter der Romantik. Hrsg. von Benno von Wiese. Berlin: Schmidt 1971. S. 391–415.

Winter, Ilse L. D.: Untersuchungen zum serapiontischen Prinzip E. T. A. Hoffmanns. Diss. Rutgers University. The State University of New Jersey 1971.

Todorov, Tzvetan: Einführung in die fantastische Literatur. München: Hanser 1972.

Segebrecht, Wulf: Heterogenität und Integration bei E. T. A. Hoffmann. In: Romantik heute. Bonn-Bad Godesberg: Inter Nationes 1972. S. 48–59 und 87 f.

Daemmrich, Horst S.: The Scattered Self. E. T. A. Hoffmann's Tragic Vision. Detroit: Wayne State University Press 1973.

Elling, Barbara: Leserintegration im Werk E. T. A. Hoffmanns. Bern/Stuttgart: Haupt 1973.

Loecker, Armand De: E. T. A. Hoffmann-Literatur 1972. In: Duitse Kroniek 25 (1973) S. 140–149.

Alewyn, Richard: Probleme und Gestalten. Essays. Frankfurt a. M.: Insel Verlag 1974.

Ingham, Norman W.: E. T. A. Hoffmann's reception in Russia. Würzburg: Jal-Verlag 1974. (Colloquium Slavicum. Bd. 6.)

Schumm, Siegfried: Einsicht und Darstellung. Untersuchung zum Kunstverständnis E. T. A. Hoffmanns. Göppingen: Kümmerle 1974. (Göppinger Arbeiten zur Germanistik. 121.)

Faesi, Peter: Künstler und Gesellschaft bei E. T. A. Hoffmann. Diss. Basel 1975 [Masch.].

Helmke, Ulrich: E. T. A. Hoffmann. Lebensbericht mit Bildern und Dokumenten. Kassel: Wenderoth 1975.

Pikulik, Lothar: Das Wunderliche bei E. T. A. Hoffmann. Zum romantischen Ungenügen an der Normalität. In: Euphorion 69 (1975) S. 294–319.

E. T. A. Hoffmann und seine Zeit. [Ausstellungskatalog.] Hrsg. von Irmgard Wirth. Berlin: Berlin-Museum 1976.

E. T. A. Hoffmann. Zeitschrift für deutsche Philologie. [Hoffmann-] Sonderheft. Bd. 95. 1976. (Beiträge von Nehring, Scher, Kanzog, Stegmann, Willenberg, Aichinger, Post, Max, Steinecke.)

E. T. A. Hoffmann. Hrsg. von Helmut Prang. Darmstadt: Wissenschaftliche Buchgesellschaft 1976. (Wege der Forschung. Bd. CDLXXXVI.) (Einl. Prang, Beiträge: Moos, Fischer, Olbrich, Kroll, von Maassen, Martini, Mühlher, Himmel, Sölle, Seifert, Preisendanz, K. G. Just, Kanzog, Segebrecht, Karoli, Günzel, Walter.)

Daemmrich, Horst S.: Fragwürdige Utopie: E. T. A. Hoffmanns geschichtsphilosophische Position. In: Journal of English and Germanic Philology 75 (1976) S. 503–514.

Elling, Barbara: Der Leser E. T. A. Hoffmanns. In: Journal of English and Germanic Philology 75 (1976) S. 546–558.

Günzel, Klaus (Hrsg.): E. T. A. Hoffmann. Leben und Werk in Briefen, Selbstzeugnissen und Zeitdokumenten. Berlin: Verlag der Nation 1976.

Fühmann, Franz: E. T. A. Hoffmann. In: Neue Deutsche Literatur 24 (1976) S. 91–104.

Just, Klaus Günther: Marginalien. Probleme und Gestalten der Literatur. Bern/München: Francke 1976.

McGlathery, James: E. T. A. Hoffmann today: an editorial preface. In: Journal of English and Germanic Philology 75 (1976) S. 473–476.

Riemer, Elke: E. T. A. Hoffmann und seine Illustratoren. Hildesheim: Gerstenberg 1976.

Vitt-Maucher, Gisela: Die wunderlich wunderbare Welt E. T. A. Hoffmanns. In: Journal of English and Germanic Philology 75 (1976) S. 515–530.

Teichmann, Elizabeth: Von Hoffmanns Erzählungen zu ›Hoffmanns Erzählungen‹. E. T. A. Hoffmanns Gestalten auf der Musikbühne. In: Mitteilungen der E. T. A. Hoffmann-Gesellschaft 22 (1976) S. 36–52.

Liepe, George B. von der: The figure of E. T. A. Hoffmann as Doppelgänger to Poe's Roderick Usher. In: Modern Language Notes 92 (1977) S. 525–534.

Für die freundliche Genehmigung zum Abdruck von Zitaten und Auszügen aus urheberrechtlich geschützten Werken danken Herausgeber und Verlag den einzelnen Rechteinhabern. Die genauen Quellennachweise finden sich jeweils unter den Zitaten.